AS
2018/12

Carlo Carretto

IN DER WÜSTE BIST DU BEI MIR

Carlo Carretto

IN DER WÜSTE BIST DU BEI MIR

Geistliches Tagebuch

Herausgegeben von Gian Carlo Sibilia

Herder
Freiburg · Basel · Wien

Titel des Originalwerkes:
EL-ABIODH
Diario spirituale 1954–1955

Aus dem Italienischen von
P. DR. RADBERT KOHLHAAS OSB

Umschlagfoto: otl aicher

Herstellung: Ebner Ulm
ISBN 3-451-22377-5

INHALT

ZUR EINFÜHRUNG

Von René Voillaume

Nachdem Carlo Carretto am Weihnachtsfest 1954 das Ordensgewand der Kleinen Brüder Jesu angenommen hatte, begann er in El-Abiodh-Sidi-Cheikh in einer Gemeinschaft von etwa zwanzig anderen Brüdern sein Noviziat. Sein Gefährte Arturo Paoli, ehemaliger geistlicher Assistent im Präsidium der Katholischen Aktion Italiens, war dort schon vor ihm eingetroffen und zwei Monate eher, am 24. Oktober desselben Jahres, eingekleidet worden.

El-Abiodh-Sidi-Cheikh ist eine kleine Oase im Randgebiet der Sahara, in den Ausläufern der letzten kleinen Kette des Sahara-Atlas, etwa fünfhundert Kilometer südlich von Oran in West-Algerien. Seit dem siebzehnten Jahrhundert entwickelte sich diese Oase zum Zentrum der Moslembruderschaft der Cheikhiya, die von Sidi Cheikh, einer heiligmäßigen Persönlichkeit und einem angesehenen Stammesoberhaupt, gegründet wurde. Sein Grab und die Gräber seiner Söhne – schlichte, weißgekalkte Mausoleen, überragt von einer charakteristischen Kuppel – sind eine heilige Stätte und Ziel frommer Wallfahrten.

Hier, an diesem Treffpunkt zahlreicher Nomadenstämme und fernab vom Verkehr der Pisten, gründeten die Kleinen Brüder Jesu 1933 in einem kleinen, aufgelassenen Militärstützpunkt, einem abseits gelegenen „Bordj“ auf dem „Reg“[1],

1 Bis auf gewisse Stellen, an denen sich Sanddünen aufgetürmt haben, besteht die Wüste zum größten Teil aus steinigem Boden voller Felsbrokken. Diese steinigen Landstriche heißen „Reg“. Wenn die Sanddünen ein

mit festen Bauten rings um einen Innenhof mit Säulengang, der wie ein Kreuzgang aussah, ihre erste Niederlassung. Schon gleich in den ersten Jahren, in denen die Kleinen Brüder sich an diesem Ort niedergelassen hatten – er war für die Stämme, die sich stolz zur Nachkommenschaft Sidi Cheikhs zählten, eine Art heiliger Stätte –, hatte man hier eine stattliche, ganz weiße Kapelle errichtet, mit Kuppeln im Stil der „Koubbas" von Sidi Cheikh.

Wenn sich die Kleinen Brüder Jesu auch anfangs ausschließlich dem Islam widmen wollten, so sahen sie sich doch durch eine Folge providentieller Ereignisse dazu berufen, entsprechend ihrer Berufung zur Präsenz, zur Freundschaft und zum Gebet an der Öffnung der Kirche in Frankreich zur Arbeiterwelt teilzunehmen. Abbé Godins Buch „Zwischen Abfall und Bekehrung", die ersten Arbeiterpriester der Mission de Paris wie später auch der Mission de France hatten für die Arbeiterfraternitäten der Brüder und Schwestern Frère Charles' de Jésus den Weg gebahnt. Nach ihren Anfängen zwischen 1946 und 1947 war diese rasche Zunahme von Gründungen im Arbeitermilieu nicht nur in Frankreich, sondern auch in anderen Ländern möglich geworden. Eine große Zahl junger Postulanten bewarben sich in diesen Jahren kurz nach dem Zweiten Weltkrieg um Aufnahme in die Bruderschaft. Über ein Jahrzehnt lag der Jahresdurchschnitt an Novizen bei 25–30, einige Noviziate zählten sogar mehr als 40 Novizen. Frère Noël Retailleau war in dieser Zeit Noviziatsoberer in El-Abiodh. Er war 1935 in die Bruderschaft eingetreten und hatte unter dem Namen Milad Aïssa oder einfach Milad, was arabisch „Geburt Jesu" bedeutet, Profeß gemacht.

Carlo Carrettos geistliches Tagebuch ist das klare und nüchterne Spiegelbild des Wirkens des Heiligen Geistes in der Seele des Novizen. Diese Aufzeichnungen sind auch Wider-

weites Gebiet bedecken, nennt man diese Ansammlung von mitunter sehr hohen Dünen „Erg".

hall dessen, was dieses Jahr der Schule des Ordenslebens in der unerbittlichen Entäußerung der Wüste, in der er das verborgene Leben Gottes in seiner Seele entdeckte, unter der Leitung Frère Milads für ihn gewesen ist. Ich habe mit Bewegung diese Seiten gelesen. Sie sind geprägt von der uneingeschränkten Großherzigkeit des Glaubens Fratel Carlos und seiner Verfügbarkeit für das Wirken der Gnade. Diese schlichten Texte bedürfen keiner Erläuterung. Ich erlaube mir nur, einige Stellen mit Anmerkungen zu versehen, die dem Leser das Verständnis der Vorgänge erleichtern, auf die Carlo sich bezieht.

Nach Ablauf seines Noviziatsjahres konnte Fratel Carlo am Weihnachtsfest 1955 bei den Kleinen Brüdern seine zeitliche Profeß ablegen. Danach wurde er von Mal zu Mal verschiedenen Arbeiterfraternitäten zugeteilt, so vor allem der in Berre-l'Étang und schließlich der Fraternität in Tamanrasset im Hoggar, im Herzen der Sahara, an dem Ort, an dem Charles de Foucauld 1916 starb. Die ewige Profeß legte Fratel Carlo am 15. September 1961 ab.

Im Jahr 1964 gründete er mit anderen Brüdern die Fraternität von Bindua im Bistum Iglesias auf Sardinien. Diese Gründung, deren Aufgabe die Evangelisierung einer völlig entchristlichten Bergarbeiter-Bevölkerung war, wurde den Kleinen Brüdern vom Evangelium übertragen, einer erst kurz zuvor als Zweig der Kleinen Brüder Jesu ins Leben gerufenen Kongregation, die sich von den letzteren durch die Berufung zur Evangelisierung und zur Seelsorge unterscheidet. Fratel Carlo bat damals den Prior der Kleinen Brüder Jesu in einem Brief aus Bindua vom Pfingstfest 1965 um die Erlaubnis zum Übertritt zu den Kleinen Brüdern vom Evangelium.

Nachdem man ihn als Professen mit ewigem Gelübde in die Fraternität vom Evangelium übernommen hatte, wirkte er seit dem darauffolgenden Jahr, 1966, bei der Gründung der Fraternität von San Girolamo in Spello mit. Dieser Fraternität gehörte er bis zu seinem Tod im Jahre 1988 an, mit zwei zwischenzeitlichen Aufenthalten in der Fraternität von Béni-Abbès in der algerischen Sahara, wo Frère Charles de Jésus 1901 seine Einsiedelei bezogen hatte. Fratel Carlo verbrachte dort von 1968 bis 1970 zwei Jahre und kehrte dann 1972 zu einem kürzeren Aufenthalt dorthin zurück.

Alle, die Fratel Carlo gekannt und geliebt haben, alle, die von ihm durch seine Bücher und vor allem während der Exerzitien in Spello, die er durch seinen geradezu ansteckenden Glauben und seine unermüdliche, warmherzige Brüderlichkeit mit Leben erfüllt hat, beschenkt wurden, werden sich freuen, in diesem Tagebuch den Quell seiner innigen Verbundenheit mit Jesus zu entdecken. Die Fruchtbarkeit seines Verkündigungsdienstes, eines Dienstes, zu dem er im Januar 1969 die Diakonatsweihe empfangen hatte, war letztlich die Frucht seines Verzichts auf sich selbst und auf seine vielen früheren Tätigkeiten. Zu diesem Verzicht entschied er sich als Antwort auf einen Ruf Gottes während seines Noviziates in der Wüste und im Gehorsam seiner Berufung gegenüber, der Berufung zum Kleinen Bruder in der Nachfolge Frère Charles' de Jésus, deren Weg in diesem Tagebuch ihr treues Echo findet.

Cépie, 15. August 1990 *Frère René Voillaume*

VORWORT

Es war nach Einbruch der Dunkelheit an einem Abend Ende November 1969 in El-Abiodh, als Fratel Carlo uns von diesem Tagebuch erzählt und versprochen hat, es uns zu schenken. Wir waren nicht allein, Fratel Milad und Fratel Ermete waren auch dabei. Wir kamen nach der eucharistischen Anbetung aus der Kapelle und blieben staunend unter dem Sternenhimmel stehen. Wer die Wüste kennt, weiß um die Pracht und den Zauber des Sahara-Himmels!

Dann hakte Fratel Carlo sich bei uns ein, spazierte mit uns durch den Garten und machte auch auf dem kleinen Friedhof halt. An dem Abend wurde es sehr spät, da Carlo uns ausführlich von seinen Erfahrungen und Erlebnissen während des Noviziatsjahres erzählte ... und dabei auf vieles zu sprechen kam, was wir später in der alten Mappe mit Notizen und Aufzeichnungen finden sollten, die hier veröffentlicht werden.

Immer wieder blieb Fratel Carlo stehen, um den Verlauf seines Noviziats mit dem zu vergleichen, was sich später während seines Ordenslebens zugetragen hat. Um uns zu beweisen, daß alles immer Gottes Werk ist, und uns klarzumachen, wie überraschend das für ihn gewesen sei, erzählte er uns zum ersten Mal von einer Audienz bei Papst Johannes XXIII. Der Papst kam ihm entgegen und sagte ihm, noch bevor er Platz genommen hatte:

„Professore, ich mußte heute morgen so an Sie denken. Ich habe schon für Sie gebetet. Sagen Sie mir, Professore, hätten Sie jemals daran gedacht, ins Kloster zu gehen?"

Carlo antwortete nein, und Johannes XXIII. schritt auf seinen Sessel zu wie im Selbstgespräch wiederholend: „Ich auch nicht, ich auch nicht, daß ich einmal Papst würde . . .!"

„Natürlich", sagte uns Fratel Carlo, „habe ich dem Papst gezeigt, daß der Vergleich hinkte, aber er fuhr fort:

‚Nein, nein, genau so ist's, lieber Professore. Auf einmal findet man sich irgendwo wieder, woran man nie gedacht hätte. Doch . . . voluntas Dei, pax nostra – Gottes Wille ist unser Friede.'"

Ein paar Monate später sichteten wir in Rom einen Stoß seiner Aufzeichnungen, die Fratel Carlo mit vielen Erinnerungen kommentierte, schließlich aber – jedenfalls das meiste davon – trotz unserer gegenteiligen Vorstellungen in einem ordentlichen Feuer aufgehen ließ. Neben ein paar Briefen sind ihm das versprochene Noviziatstagebuch sowie eine dicke Mappe mit Aufzeichnungen entgangen, die Fratel Carlo uns vermacht hat, weil sie unter anderem einige seiner Gedanken zum Oratorium enthielt, einem Vorhaben, das sich für Fratel Carlo in der im Entstehen begriffenen „Kommunität Jesus Caritas" zu verwirklichen schien.

Es gab auch sonst noch Absprachen bezüglich des Verbrennens von Schriftstücken, die Fratel Carlo erhalten oder abgesandt hat. Erst in seinen letzten Lebensjahren überließ er uns ohne weiteres Widerstreben und von sich aus Material und erlaubte auch seinen Angehörigen, uns den nur noch kleinen Rest anzuvertrauen, den die Familie verwahrte.

Daher möchten wir der Familie Carretto-Turchi danken und schließen in unseren Dank auch das Sekretariat der Kleinen Brüder Jesu in Marseille und unseren Bruder und Freund Jean-François Nothcomb ein, die uns viele Details geliefert haben. Unser ganz besonderer Dank gebührt Frère René Voillaume.

Wie in den unter dem Titel „Weil deine Liebe mich treibt" erschienenen Briefen haben wir durch Anmerkungen das Milieu der Fraternität Charles de Foucaulds, der geistlichen Familie, die Fratel Carlo so stark geprägt hat, zu verdeutlichen versucht.

Im Anhang 2 werden Texte der „ersten Stunde" zur Gründung und Entwicklung der Kleinen Brüder Jesu vorgelegt. Einige dieser Texte sind unter Wahrung des Inhalts der ursprünglichen Texte gekürzt worden, und die Mehrzahl der Texte ist mit Datumsangaben versehen; ihre Diktion wurde beibehalten, auch wenn man die Dinge heute anders formulieren könnte.

Schließlich wäre noch die ursprüngliche Schreibweise des Tagebuches zu erwähnen wie zum Beispiel die Unterstreichungen – die wir kursiv wiedergeben –, und nur in wenigen Fällen sind Großschreibung und Zeichensetzung korrigiert worden; nur selten haben wir eckige Klammern gesetzt, wo die Diskretion das im Augenblick noch verlangt. Doch die im Manuskript häufig in der Schwebe gelassenen Stellen aus der Heiligen Schrift sind genauer zitiert worden.

Fratel Carlo wirkt so als Schriftsteller weiter und erhöht sogar noch den Wert seiner Worte durch sein betendes und nunmehr uneingeschränktes Eintreten bei seinem und unserem „vielgeliebten Bruder und Herrn Jesus".

Gian Carlo Sibilia[2]

2 *Gian Carlo Sibilia* ist 1934 in Tripolis, Libyen, geboren. Er kommt durch Ausbildung und Tätigkeit aus dem Unternehmertum. In den sechziger Jahren war er in Rom Leiter der Jugend der Katholischen Aktion, hat in Italien und im Ausland im kirchlichen Dienst gearbeitet, ist Mitglied der „Familie Charles de Foucaulds", wird 1970 zum Priester des Bistums Foligno geweiht, in dem er verschiedene Aufgabenbereiche innehat.

Als Prior der Kleinen Brüder und der Kleinen Schwestern der „Kommunität Jesus Caritas" zeichnet er verantwortlich für die religiöse Zeitschrift „Familie Charles de Foucaulds". Über fünfundzwanzig Jahre war er mit Carlo Carretto freundschaftlich eng verbunden. Fratel Carlo selbst war es auch, der ihn mit der Sichtung seiner Aufzeichnungen betraute: Briefe, geistliche Tagebücher und Notizen.

ZUR LEBENSGESCHICHTE CARLO CARRETTOS

Carlo Carretto wurde am 2. April 1910 in Alessandria geboren. Bald danach zog die Familie zunächst nach Moncalieri um, sodann nach Turin. Seine religiöse Bildung empfing er im Schoß der Familie und entfaltete sie im Salesianer-Oratorium der Crocetta. Mit achtzehn Jahren wurde er Volksschullehrer; nach seiner Promotion in Geschichte und Philosophie bestand er das Auswahlexamen für eine Schulleiterstelle auf Sardinien. Wegen Meinungsverschiedenheiten mit dem faschistischen Regime wurde er von dort nach Piemont strafversetzt und wegen Verweigerung des Treueides der Republik von Salò gegenüber aus der Liste der Schulleiter gestrichen und polizeilich überwacht.

In diesen Jahren übernahm Carlo Carretto als aktives Mitglied der Jugendorganisation der Turiner Katholischen Aktion die Leitung der Katholischen Aktion in Norditalien und rief viele kirchliche Aktionsprogramme ins Leben.

1945 wurde er von Papst Pius XII. und Luigi Gedda zum Aufbau des Katholischen Lehrerverbandes nach Rom berufen. 1946 wurde er erster Vorsitzender der GIAC, der Jugendorganisation der Katholischen Aktion in Italien; kurz darauf gründete er das „Bureau International de la Jeunesse Catholique".

Als charismatischer Vorsitzender der GIAC organisierte er 1948, kurz nach dem Zweiten Weltkrieg, ein Treffen von dreihunderttausend Jugendlichen, den berühmten „Grünen Baretten", in Rom anläßlich der Feier des achtzigjährigen Bestehens der Katholischen Aktion.

1953 brachen im katholischen Lager Gegensätze bezüglich des Verhältnisses zur Politik auf, in dessen Gefolge Carlo Carretto als erster Vorsitzender der GIAC zurücktreten mußte. Doch bemühte er sich mit Lazzati, La Pira, Gonella und anderen weiterhin darum, neue Wege für die öffentliche Tätigkeit engagierter katholischer Laienkreise zu finden.

Es war die Gelegenheit, auf die Gott gewartet hatte: er berief ihn zum Ordensleben. So trat Carlo am 8. Dezember 1954 die Reise in das Noviziat der Kleinen Brüder Jesu in der algerischen Sahara an. Aus diesem Aufenthalt wurden zehn Jahre tiefer geistlicher Erfahrung, die aus Schweigen, Gebet und Arbeit bestand. „Wo der Dornbusch brennt" heißt das Buch, das vielen Lesern in Italien und auf der ganzen Welt diesen Weg darstellt. Nach Europa zurückgekehrt, ließ sich Carlo Carretto nach Aufenthalten in verschiedenen Fraternitäten Ende 1965 in Umbrien, in Spello (Perugia), nieder. Von diesem Augenblick an sollte die Fraternität der Kleinen Brüder eine für die italienische Kirche von Jahr zu Jahr wichtigere Rolle übernehmen. Tausende, vor allem Jugendliche, fanden dort – und finden weiterhin – einen Ort der Gastlichkeit, des Gebetes und der Stille. Zwanzig Jahre lang konnte Fratel Carlo mit seinem Wort und durch seine zahlreichen Bücher, die in viele Sprachen übersetzt wurden, die Seele und tragende Kraft dieses ganzen Beginnens sein. Am 4. Oktober 1988, dem Fest des heiligen Franz von Assisi, vollendete er nach jahrelanger Krankheit in der kleinen Zelle von Spello seinen Hinübergang in die Ewigkeit in einer Atmosphäre tiefer österlicher Freude. Sie erfaßte die vielen, die aus allen Gegenden Italiens und aus dem Ausland hierhergekommen waren.

TAGEBUCH 1954

Hochfest der ohne Erbsünde empfangenen Jungfrau und Gottesmutter Maria 1954

Um 20.20 Uhr bin ich in Rom, von der Stazione Termini abgefahren[1]. Viele liebe Freunde waren gekommen, um mir auf Wiedersehen zu sagen. Das ist meine zugleich schöne und häßliche Vergangenheit. Jetzt kehre ich ihr den Rücken zu und

1 „Der eine oder andere hat angesichts meines Aufbruchs nach Afrika an eine Krise der Trostlosigkeit oder Resignation gedacht. Nichts unzutreffender als das. Die Einbindung der Katholischen Aktion in die Politik hat zu meinem Entschluß beigetragen, ist aber nicht sein Grund gewesen. Ich war so sehr Feuer und Flamme für die Katholische Aktion und diese ganze Arbeit, daß ich mich niemals von ihr getrennt hätte.

Gott hat in mir die Leere geschaffen. Er hat mir gesagt: ‚Es hat keinen Zweck mehr.'

Ich merkte, daß ich niemand mehr bekehren, daß ich nichts mehr bewirken konnte.

Dem Herrn ist es gelungen, mich herauszuholen, da ich kein Vertrauen mehr zu mir selbst, zur Organisation und zur Bewegung empfand. Ich sagte mir: ‚Hier bin ich tot.' Aber da der Glaube in mein Herz Einzug zu halten begann, habe ich begriffen, daß Er wohl die neue Fruchtbarkeit war. Praktisch erfahren hatte ich es nicht, ich hatte mir nur vorgenommen, ‚im Glauben zu leben'. ‚Lebe im Glauben, dann wirst du sehen, daß etwas passiert.' Je mehr die Politik uns sagte: ‚Ihr seid mächtig', um so lauter wurde in mir die Stimme Jesu: ‚Ohne mich könnt ihr nichts tun'" (Teresio Bosco, *Carlo Carretto*, Turin 1980, 9–15).

Vielleicht hat man noch nicht genug deutlich gemacht, daß man Carrettos und dann auch Mario Rossis Krise nicht einfach mit einer politischen Interpretation gerecht werden kann, wie sich zumal bei der „Opera-

gehe in die Wüste. Alles muß ich vergessen, hat Liliana[2] geschrieben, und in gewissem Sinn hat sie recht. Ich hatte gehofft, [...] käme, aber er ist nicht gekommen. Geduld! Diese Gesten versteht er nicht mehr. Aber vielleicht irre ich mich da.

zione Sturzo" erwiesen hat, man muß sie auch im kirchlichen Rahmen und unter kirchlichem Aspekt sehen. Carlo hat 1949 im Tagbuch vermerkt: *„30. September* – die Katholische Aktion krankt an Altersleiden. Sie ist gefährdet durch Gelenkversteifung infolge einer übertrieben juridischen Struktur. Wenn das so weiterginge, würde das Laienapostolat bei anderen, jüngeren und nicht so mit Statuten gesegneten Werken Zuflucht suchen, die aber eher in der Lage sind, die Botschaft des Geistes in intuitiver Einfalt zu erfassen. Es ist allerdings schade, daß es so ist, denn ich habe die Katholische Aktion wirklich gern gehabt, vielleicht so, wie man eine Geliebte gern hat."

Und weiter: *„11. Oktober* – Subiaco – Stätte, die mir wegen ihres geistlichen Reichtums teuer ist. Drei Tage mit der Verbandsleitung. Ich sehe immer deutlicher, daß ich das Amt des ersten Vorsitzenden der GIAC niederlegen muß. Ich werde bald meinen Nachfolger einweisen müssen. Das wird eine organisch bedingte Schwäche sein und an mir liegen, aber ich bin nicht mehr der Mann, der im Namen dieser Organisation auftreten könnte. Mit großer Freude habe ich mich in die Gedanken geflüchtet, die Don Paoli vorgetragen hat, Betrachtungen über die Demut. Ich habe solche Sehnsucht nach stiller Zurückgezogenheit! Aber oft schleichen sich Faulheit und Feigheit in diese Sehnsucht ein. Ich glaube, ich muß noch einmal von vorn anfangen" (Fondo Carretto/Jesus Caritas) (*siehe Anhang 1, S. 161–164*).

2 *Liliana Carretto* (1925), Witwe des Anwalts Mario Turchi (1925–1990), ist das Schlußglied der Familie Carretto, die aus Vater Luigi (1879–1971), Mutter Maria Rovea (1887–1960), zwei Schwestern, die der Gemeinschaft der Maria-Hilf-Schwestern beitraten – Schw. Paola Emerenziana (1907) und Schw. Dolcidia (1908–1986) –, Fratel Carlo (1910–1988), dem Salesianer-Bischof Msgr. Pietro (1912) und Vittorio (1917–1919) bestanden hat.

Poldo und Nino: Leopoldo Saletti (1913) und Giovanni Testa (1915) gehören seit den Jugendjahren im Salesianer-Oratorium der Crocetta in Turin zu Carlos liebsten Freunden. Sie sollten Carlo nach Rom bis ins Präsidium der GIAC folgen. Mit Carlo zusammen gründeten sie (1954) in Cervinia die alpine Schutzhütte „Nive Candidior".

„Mein Traum war es, in die Alpen zu gehen und mich mit den Bergführern zu verbrüdern, deren Dienst darin bestand, am Matterhorn Menschen zu retten, die im Schneesturm in Not geraten waren.

9. Dezember

Wir sind mit drei Stunden Verspätung in Marseille angekommen. Ich sage „wir sind", weil Poldo und Nino bei mir waren. Wir sind geradewegs durch einen wolkenbruchartigen Regen zur Fraternität gegangen. Frère Henry hat uns in seiner großen Güte gastlich aufgenommen. Wir haben das Programm für morgen gemacht. Ausflug nach Saint-Maximin[3] und nach Berre[4]. Abends Besuch in „La Cappellette"[5] mit denkbar bestem Eindruck.

Träume kommen nicht von ungefähr: Mein Leben lang war ich Bergsteiger gewesen und in meiner Militärzeit Gebirgsjägerhauptmann; die Berge waren meine Leidenschaft. Meine Leidenschaft wollte ich für meine Brüder einsetzen, die in Eis und Schnee in Not geraten waren. Ich hätte mich gern mit einem Bergführer verbunden und mein Gebet und meinen Dienst dieser, gewiß nicht leichten, Aufgabe gewidmet, wie Jesus es mir eingab. Doch das war ein Traum" (aus: Carlo Carretto, *Warum Herr?*, Freiburg i. Br. 1986).

Henry Marthieu (1914–1988), Franzose, Priester (1939), Kleiner Bruder (1953), damals im Fraternitäts-Sekretariat von Marseille in der rue Tapis-Vert, dem Rotlicht- und Ganovenviertel.

3 *Saint-Maximin* (Frankreich), Städtchen nordöstlich von Marseille. Fraternität für philosophische und theologische Studien der Kleinen Brüder Jesu (1947–1957), die zu fünft oder sechst in kleinen Wohngruppen lebten und die Vorlesungen im Studentat der Dominikaner besuchten. Die ländliche Umgebung mit ihren großen Weingütern bot den studierenden Brüdern Arbeitsmöglichkeiten. Ein paar Jahre lang war Saint-Maximin auch Noviziats-Fraternität; jetzt ist es Heim für erholungsbedürftige Kleine Brüder.

4 *Berre* (Frankreich). Frère René Voillaume schreibt: „Die erste Arbeiterfraternität der Kleinen Brüder Jesu ist 1947 in Aix-en-Provence gegründet, im Jahr darauf aber nach Berre-l'Étang verlegt worden, einer Arbeiterstadt mit etwa 12000 Einwohnern am Binnensee von Berre, ungefähr 20 km von Aix entfernt. Viele Arbeiter, vor allem Nordafrikaner, waren in der Erdöl-Raffinerie oder in anderen chemischen Betrieben beschäftigt und bevölkerten die alten Stadtviertel. In einer der dortigen Bruchbuden hatten die Kleinen Brüder ihre Fraternität errichtet. Damals haben nur wenige Bischöfe in der Kirche die Einführung der Neuheit geduldet, die darin bestand, daß Ordensleute oder Priester um Lohn auf Werften oder in nicht-

10. Dezember

Es geht nach Saint-Maximin, wo die Kleinen Brüder studieren. Unvergeßlicher Besuch. Denken und Tun sind dort in hohem Maße eins. Das Beispiel, das alle geben, ist ganz großartig. Allenthalben Einfachheit, Freundlichkeit, Armut, Friede. Man würde sagen, diese jungen Leute haben keine Probleme! Abendstunden in Berre.

11. Dezember

Ich bin an Bord des Schiffes nach Oran[6]. Es ist ein schönes französisches Schiff, die „Sidi Bel Abbes", von vielleicht 10 000 Tonnen. Nach dem gestrigen Regen scheint jetzt herrlich die Sonne und verheißt eine sehr gute Überfahrt. Von Nino und Poldo habe ich mich beim Zoll verabschiedet. Sie fahren wieder nach Rom. Ich gehe an Deck, um zu beten.

Die „Sidi Bel Abbes" ist um 11 Uhr ausgelaufen. Ich speise mit einem französischen Siedler aus Algerien. Aus seinen Worten spürt man das Drama einer Vergangenheit, die im Kamm der Geschichte Haare gelassen hat . . . Das Wetter ist gut. Die Zeit, die mir zur Verfügung steht, nutze ich, um noch die letzten Briefe zu schreiben und nachzudenken. Die Vesper habe ich angesichts einer großartigen See gebetet, die mir

kirchlichen Unternehmen arbeiteten. Charles de Provenchères, Erzbischof von Aix, hatte diese Neuheit im Ordensleben der Fraternität nicht nur gebilligt, sondern auch zuversichtlich aufgegriffen." Carlo sollte gleich nach seinem Noviziat (1956–1957) in diese Fraternität zurückkehren. Heute besteht die Fraternität von Berre nicht mehr.

5 *„La Cappellette"*, Stadtteil von Marseille, wo sich (1952–1963) eine Fraternität für Postulanten der Kleinen Brüder Jesu befunden hat.

6 *Oran* (arabisch *Onahran*) ist eine Stadt mit mehr als einer Million Einwohnern, Universitäts- und Bischofsstadt, zweitgrößter Hafen Algeriens. Hier soll Carlo seine erste praktische Erfahrung mit dem Ordensleben der Kleinen Brüder Jesu machen, die sich im Hafenmilieu angesiedelt haben. Heute besteht die Fraternität nicht mehr.

Freudentränen entlockt hat. Gegen Abend haben die Wogen sich gelegt, so daß ich am Pult schreiben konnte. Ich habe ... geschrieben im Gedanken an die Intensität seiner Liebe. Was könnte dieser Kerl nicht alles tun, wenn es ihm gelänge, sie zu läutern. Morgen werde ich Afrika sehen.

12. Dezember

Tagesanbruch auf dem Meer, dem Meer des heiligen Augustinus.

Um 13.30 Uhr macht die „Bel Abbes" im Hafen von Oran fest. Es ist etwas windig, der Himmel bewölkt, aber das hindert nicht, daß die schöne algerische Stadt einen sehr guten Eindruck auf mich macht. Ich frage mich zur hiesigen Fraternität durch und mache einen Abstecher nach Santa Cruz[7], das mir von der spanischen Herrschaft und der in der Stadt verbliebenen Kolonie erzählt. Ich löse die Fahrkarte zur Weiterreise und esse in einem kleinen Restaurant mit den hiesigen Kleinen Brüdern zu Abend.

13. Dezember

Im Morgengrauen Aufbruch ins Landesinnere. Wir durchqueren mit dem Bus den ganzen algerischen Küstenstreifen, der die schönsten Gegenden im Mittelmeerraum um nichts zu beneiden braucht, und erreichen gegen 10 Uhr Saïda[8].

Hier eine Stunde Aufenthalt, umsteigen, und weiter geht's nach Süden. Je tiefer wir ins Land kommen, um so seltener werden die Weinberge; auch wird es empfindlich kalt. die Steppenlandschaft der Hochebene taucht auf. Gery-

7 *Santa Cruz* (arabisch *Bordj El Djebel*), von den Spaniern im 16. Jahrhundert erbaute Festung, etwa 400 m über dem Meer gelegen, mit großartigem Ausblick über die Stadt Oran, ihre Strände und den Hafen.

8 *Saïda*, algerische Stadt von etwa 100000 Einwohnern, 850 m hoch mitten in einer fruchtbaren und wasserreichen Gegend gelegen.

ville[9], das wir gegen 4 Uhr nachmittags erreichen, ist das letzte ansehnliche Zentrum. Wie abgesprochen, gehe ich zum Missionshaus der Weißen Väter[10] und übernachte – bei brennendem Ofen – in einem ärmlichen Bett im Missionshaus selbst. Das Wetter sieht bedrohlich aus. Ich mache mir Sorgen, wegen Unbefahrbarkeit der Pisten nicht weiterreisen zu können.

14. Dezember

Die Nacht ist schließlich wieder sternenklar und trocken geworden: man kann fahren. Ich gestehe, daß ich darum gebetet habe – ich kann es kaum noch erwarten, da unten anzukommen. Die Sonne scheint herrlich, aber es ist empfindlich kalt. Etwas ganz Neues, das die Europäer nicht kennen. Die Steppe trocknet auf dieser unermeßlichen, von Halfagras-Büscheln bedeckten und von armen Hirtenstämmen bewohnten Hochebene immer mehr aus. Die Landschaft ändert sich immer mehr, je weiter man kommt, und die Steppe weicht der Wüste. Die letzte Haltestelle vor El Abiodh ist schon Wüste. Um 3 Uhr taucht in weiter, weiter Ferne der weiße Fleck der Fraternität von El Abiodh[11] auf. Wir sind da. Die

9 *Géryville* (arabisch *El Bayadh*), algerische Stadt von etwa 60000 Einwohnern, 1320 m hoch gelegen, 1852 gegründet und berühmt durch seine Teppich-Industrie und die etwa eine Million zählenden Hammel-, Ziegen-, Kamel- und Rinderherden in seiner Umgebung. Es liegt 100 km von El Abiodh entfernt und war unumgängliche Station auf dem Weg ins Noviziat.

10 *Weiße Väter*, so heißen die Afrika-Missionare, eine 1868 von Charles Kardinal Lavigerie (1825–1892), Erzbischof von Algier, gegründete Kongregation. Charles de Foucauld und seine Ordensfamilie sind ihr sehr zu Dank verpflichtet.

11 *El-Abiodh-Sidi-Cheikh* (gewöhnlich sagt man nur *El Abiodh*), Hochebene (903 m über dem Meeresspiegel) im Süden der Region Oran, heilige Stätte des Islam, für den das Grab Sidi Cheikhs, eines berühmten Marabuts des 17. Jahrhunderts und seiner Söhne, ein Wallfahrtsziel ist. Arme Nomadenbevölkerung, zum Teil seßhaft.

erste Etappe ist geschafft: mit stehen die Tränen in den Augen.

Die Begegnung mit dieser Oase des Friedens ist schon bewegend: Ich erblicke Don Arturo[12] in der Kleidung eines einfachen Arbeiters, heiter und unbeschwert wie eh und je. Ich schaue mich kurz um und treffe eine rasche Lagebestimmung.

Überall führt Frau Armut das Regiment, und die Schule, nach der sie sich richtet, ist ganz deutlich zu erkennen. Es ist nicht leicht, gleich davon anzufangen, ich werde das später tun, wenn ich die Fakten besser kenne.

Zum ersten Mal sehe ich P. Voillaume[13] – von wahrhaft riesiger Statur dem Geiste und auch, so würde ich sagen, dem Leibe nach – und P. Milad[14], den Novizenmeister.

Ein altes Wüstenfort wird (1933) „Mutterhaus" einer neuen Form des Ordenslebens nach dem Vorbild Charles de Foucaulds: der Kleinen Brüder Jesu (*siehe Anhang 2, S. 165–187*).

Heute befinden sich in El Abiodh immer noch die Kleinen Brüder und die Kleinen Schwestern Jesu. Vgl. Carlo Carretto, *Weil deine Liebe mich treibt*, Freiburg i. Br. 1990, 21–49.

12 *Arturo Paoli* (1912), Toskaner, Dozent der Philosophie, Partisan, während des letzten Krieges im „Comitato di liberazione in favore degli ebrei" – „Befreiungsausschuß zugunsten der Juden". Priester des Bistums Lucca (1940), wurde er als Vize-Assistent der Leitung der GIAC nach Rom berufen, als Carlo Carretto und Mario Rossi den Vorsitz führten. Nach einem Einsatz als Schiffskaplan unter italienischen Auswanderern nach Argentinien trat er ein paar Monate vor Carlo ins Noviziat von El Abiodh ein. Heute lebt er als Kleiner Bruder vom Evangelium im Süden Brasiliens und teilt sich mit Gruppen von Freiwilligen und ortsansässigen Familien in die harte Wirklichkeit landwirtschaftlicher Genossenschaften (*siehe Anhang 3, S. 188–197*). – Vgl. Arturo Paoli, Facendo verità, Turin 1984.

13 *René Voillaume* (1905), Franzose, Priester (1929), soll (1933) mit noch vier jungen Priestern den Anfang machen mit einer neuen Kongregation, die sich an der Regel Charles de Foucaulds ausrichtet. Vgl. René Voillaume, *Mitten in der Welt*, Freiburg i. Br. 1957.

14 *Milad*: Onésime Retailleau (1912–1984), Franzose, Kleiner Bruder, hat bei seiner Ordensprofeß am 25. Dezember 1936 den Namen Fratel

Es gibt hier etwa vierzig Novizen[15]; alle zeigen recht deutlich keine große Verachtung für Umgangsformen, Eleganz und Annehmlichkeiten. Es ist, wie man bald feststellt, alles ein klein wenig gespielt, aber zweifellos ein konstruktives Spiel: überall Freude, Arbeit, Schlichtheit, gegenseitige Liebe. Ich bin froh.

17. Dezember

Ich fürchte, man wird mich an Weihnachten nicht mein Noviziat beginnen lassen. Das ist etwas sehr Einfaches und Alltägliches, doch es bedrückt mich. Der Tag ist infolgedessen ganz schwarz, und dazu trägt auch noch eine totale Trockenheit des Geistes und des Herzens bei. Also einer der schwärzesten Tage der letzten Zeit.

18. Dezember

Wie veränderlich ist doch das Menschenherz, zumal wenn der Mensch Carlo heißt. Gestern war ich noch sehr traurig, heute bin ich dagegen einer der glücklichsten Menschen auf der Welt. In aller Frühe hat P. Milad mich beiseite genommen, um mir zu sagen, daß ich Weihnachten als Novize eingekleidet werden soll. Das wird die Nachricht, das wird die Anbetung, das wird das Lied; schließlich habe ich den Freudentränen freien Lauf gelassen.

Ich habe die kostbare Perle entdeckt und würde sie nicht für alles Gold der Welt hergeben. Ich habe meinen Weg entdeckt und würde ihn gegen keinen anderen eintauschen. Das Ideal des Kleinen Bruders leuchtete mir als Synthese all des-

Natale angenommen, Priester (1939). Anfang 1950 hat man auf Drängen seiner Freunde unter den Seßhaften und den Nomaden seinen Namen in Milad Aïssa arabisiert, was wörtlich „Geburt Jesu" heißt (*siehe Anhang 4, S. 198–206*).

15 *Siehe Anhang 5, S. 207–211.*

sen auf, was ich gelitten, geglaubt, gelebt und verstanden habe.

Jetzt heißt es, sich vorbereiten.

18. Dezember

Mein erster Sonntag, den ich im Noviziat verbringe. Während der Anbetungsstunde bin ich auf ein Schema gekommen, das ich wiederholen will, da es mir brauchbar erscheint.

Das Miserere (Ps 51) beten und dabei an die Menschen und ihre Sünden denken.

Das Te Deum oder das *Benedictus (Lk 1,68–79) beten* und dabei die Straßen der Welt durchlaufen mit ihrer Schönheit oder ihrer menschlichen Wirklichkeit. Schließlich habe ich den Vorsatz gefaßt, meine eigentliche Krankheit, den Egoismus, dadurch zu kurieren, daß ich mir Nächstenliebe angewöhne, indem ich immer etwas von dem Meinen nehme und es Gelsomina[16] in den Napf lege. Wir werden sehen.

20. Dezember

Ich habe versucht, mir Richtlinien für einen guten Novizen auszudenken. Da ich in diesem Fall meine wohlbekannte Fertigkeit, den Nächsten hinters Licht zu führen und an der Oberfläche zu leben, besiegen müßte, bestünde eine gute Methode wohl darin, mich nach dem Maßstab zu beurteilen, den ich an einen Mitnovizen anlegen würde, der dieselben Fehler hätte und auf dieselben Tricks käme wie ich.

Das würde wohl hierauf hinauslaufen:

1. Er müßte beim ersten Klingeln des Weckers aufstehen.
2. Er müßte die Regel ihrem Geiste nach und nicht nur formal befolgen (Ehrlichkeit).

16 *Gelsomina* ist die Rolle, die Giulietta Masina unter der Regie Federico Fellinis in dem Film „La strada" gespielt hat (*siehe Anhang 3, S. 189ff*).

3. Bei Tisch müßte er immer die kleinere statt der größeren Portion nehmen.
4. Bei der Arbeit müßte er auf die Sache achten und nicht auf die Form, um dadurch gut und tüchtig zu erscheinen.
5. Äußerste Aufrichtigkeit bei der Unterhaltung, besonders bei Schilderungen der Vergangenheit.
6. Er sollte lernen, was Armut eigentlich und praktisch bedeutet.

20. Dezember

Heute abend hat P. Voillaume wieder über das Gebet gesprochen.

An diesem grundlegenden Tun sind zwei Akteure beteiligt: Gott und der Mensch.

Gott erwartet uns: das ist eine tröstliche Gewißheit. Gott steht uns bei – Gott will, daß wir beten. Ohne ihn könnten wir es überhaupt nicht.

Am anderen Ende stehen natürlich wir, steht der Mensch. Beten ist nicht leicht, denn das wahre Gebet verlangt den unbedingten Glauben. Wir müssen uns aber zwingen, uns mutig und mit äußerstem Vertrauen fallenzulassen. Wir müssen – und das können wir – Menschen des Gebetes werden. Mögen wir uns auch zunächst mit einem Wort der Heiligen Schrift, mit Formeln und vor allem mit der geduldigen und ruhigen Wiederholung des „Vaterunser“ helfen. Alles andere wird dann kommen, bis nur noch der Glaube und nur noch die Liebe am Werk sind.

Gute Nacht!

22. Dezember

„Wer das Reich Gottes nicht so annimmt wie ein Kind, der wird nicht hineinkommen“ (Mk 10,15). Das natürliche Leben erstreckt sich von der Kindheit bis ins Alter. Dagegen erstreckt sich das Reich Gottes in uns vom Alter des alten Menschen bis ins Kindsein des neuen Menschen. Daraus ergibt sich, daß man mit zweierlei Maß mißt: Im natürlichen Leben kommt man durch Klugheit voran, durch Umsicht und Verantwortung; im geistlichen Leben erreicht man Fortschritte durch Kindsein, Einfachheit, Impulsivität, Freude, Lauterkeit und Eintracht.

Das Kind diente Jesus als Symbol.

Enthaltsamkeit ist das Los aller Menschen. Nach der Wiederkunft Christi wird es weder Ehemann noch Ehefrau mehr geben, sondern alle werden wie die Engel im Himmel sein. Die Enthaltsamkeit auf Erden nimmt diesen Zustand vorweg. Ungelöst bleibt jedoch das Problem der Fruchtbarkeit, das im Geheimnis von Mann und Frau liegt. Sollte Jesus etwa seinen engsten Freunden diese Potenz nehmen müssen? Unmöglich: Die Fruchtbarkeit wird verwandelt, aber nicht aufgehoben.

Hier gilt es wirklich über die Teilhabe des enthaltsamen Menschen am fruchtbaren Wirken Christi in der Welt nachzusinnen.

23. Dezember

Morgen ist Heiliger Abend. Der Novizenmeister hat angekündigt, daß ich an Weihnachten eingekleidet werde. Für mich ist das sehr wichtig. Ich muß anfangen. In meiner armen Seele ist noch alles zu tun, und ich muß mich ernstlich engagieren. Ich muß lernen! ... wieviel muß ich lernen! ... es aufzuzählen führt zu nichts. Es ist besser, ich überlasse mich Jesus, meinem göttlichen Erlöser. Er hat mich hierhin geführt: *er wird vollenden, was er aus Gnade gegeben hat.*

Heute abend hat Milad die Weihnachtsgeschichte vorgelesen. Danach hat er den Text erklärt und bei der Armut Jesu verweilt. Einfache Armut kleiner Leute, keine übertriebene. Es lag in der Natur der Dinge, daß eine arme Familie in Betlehem kein Quartier fand. Es lag in der Natur der Dinge, daß ein Armer sich eine Grotte suchte. Hat die Armut Johannes' des Täufers auch etwas „Eklatantes" an sich, die Armut Jesu war normal. Es ist die Armut kleiner Leute, echte Armut. Sie ist das natürliche Modell der Fraternität, das Vorbild für jeden Kleinen Bruder. Ich muß an die Armut meiner Familie in Moncalieri[17] denken. Das war die Art von Armut, zu der ich zurückkehren muß.

Heiliger Abend

Morgen erhalte ich das Ordensgewand der Kleinen Brüder.

Ich will hier die Fragen festhalten, die P. Voillaume an mich richten wird, bevor er mich als Novizen aufnimmt.[18]

17 *Moncalieri* (Turin), wohin die Familie Carretto von Alessandria (1912–1923) umzog, um sich dann in Turin niederzulassen. In Moncalieri sollte Carlo die Firmung und die Erstkommunion empfangen; noch als Junge nahm er Arbeit an, um seine Ausbildung zu sichern, und betätigte sich als Hilfsarbeiter in einer Schreinerei, dann als Sakristan und als Nachtwächter in einer Familie.

„. . . und so kam es, daß sie nach Alessandria zogen, wo ich geboren bin und zwei Jahre darauf mein Bruder, um dann nach Turin weiterzuziehen, wo uns ein Milieu erwartete, das für uns Arme beim Heranwachsen bessere Bildungschancen bot. Es war ein Vorort, in dem es alles gab, vor allem aber das, was wir brauchten . . . So bin ich in Alessandria auf die Welt gekommen . . . rein zufällig. In Alessandria sind meine Eltern, die damals erst jung verheiratet waren, zunächst einmal gelandet. Sie kamen beide aus ländlicher Umgebung und haben die bäuerliche Welt zurückgelassen, die, Gott Dank, für Generationen und Generationen das Lebenselement der Familie gewesen war . . ." (aus: *Ich habe gesucht und gefunden*, Freiburg i. Br. 1989).

18 Carlo Carretto schrieb diese Fragen in Französisch in seinem Tagebuch auf:

D. Frère, que demandes-tu?

R. Je demande à être admis parmi les Petits Frères de Jésus.

D. Es-tu prêt, à cause de l'Évangile de Jésus, à vivre non seulement pauvrement, sans rien posséder, mais à accepter aussi la condition des pauvres obligés à travailler pour vivre, en accomplissement de la loi divine?

R. Je désire sincèrement être pauvre à cause de Jésus et de l'Évangile.

Frage: Bruder, worum bittest Du?

Antwort: Ich bitte um die Aufnahme unter die Kleinen Brüder Jesu.

F.: Bist Du bereit, um des Evangeliums Jesu willen nicht nur arm zu leben, ohne allen Besitz, sondern auch die Lebensbedingungen der Armen anzunehmen, die sich in Erfüllung des göttlichen Gesetzes von ihrer Hände Arbeit ernähren müssen?

A.: Es ist mein ehrlicher Wunsch, um Jesu und des Evangeliums willen arm zu sein.

F.: Bist Du entschlossen, Dir anzugewöhnen, freiwillig Gott und den Menschen zu gehorchen, die Dir in seinem Namen befehlen dürfen, weil Jesus gehorsam geworden ist bis zum Tod und weil Du mit ihm an der Erlösung Deiner Brüder arbeiten willst?

A.: Ich habe wirklich den Wunsch, mich um Jesu und des Heiles meiner Brüder willen allen Forderungen des Gehorsams zu unterwerfen.

F.: Bist Du entschlossen, jeden Tag gläubig und mutig, vereint mit dem Sakrament des Altares, zu beten und trotz der

D. Es-tu décidé à prendre l'habitude d'obéir de bon cœur à Dieu et aux hommes qui ont le pouvoir de te commander en son nom parce que Jésus s'est fait obéissant jusqu'à la mort, et que tu veux travailler avec Lui à la rédemption de tes frères?

R. Je désire vraiment me soumettre à toute obéissance, à cause de Jésus et du salut de mes frères.

D. Es-tu décidé à prier chaque jour avec foi et courage, en union avec l'Eucharistie, et à persévérer malgré les difficultés, confiant dans les promesses de Jésus sur la prière?

R. Je le promets à Jésus en son sacrement, et je lui demanderai de m'aider.

D. Es-tu prêt, à l'exemple du Frère Charles de Jésus, ton guide et ton soutien, à tout sacrifier et à aller partout où l'obéissance t'enverra?

R. Je désire aimer tout homme sans me décourager, confiant pour cela en la force de l'amour de Jésus, maître de l'impossible.

Schwierigkeiten im Vertrauen auf die Verheißungen Jesu zum Gebet durchzuhalten?

A.: Das verspreche ich Jesus in seinem Sakrament, und ich werde ihn bitten, mir zu helfen.

F.: Bist Du bereit, wie Frère Charles de Jésus, der Dir den Weg weist und Dir beisteht, alles aufzugeben und überallhin zu gehen, wohin der Gehorsam Dich sendet?

A.: Es ist mein Wunsch, jedermann zu lieben, ohne mich entmutigen zu lassen, und das im Vertrauen auf die Kraft der Liebe Jesu, der der Meister des Unmöglichen ist.

Die Heilige Nacht rückt näher. Es ist das zweite Mal, daß ich sie nicht zu Hause verbringe. Das erste Mal war es in Betlehem[19], das zweite Mal ist es hier in El Abiodh. Ich habe kein großes Heimweh. Jesus erspart mir die schlimmeren Schmerzen. Er weiß, daß ich schwach bin, sehr schwach. Um sechs Uhr haben wir unser allgemeines Schuldkapitel gehalten. Jeder hat sich vor der Gemeinschaft seiner Fehler angeklagt. Das ist ja ganz schön, aber sehr schwierig, da wir alle zu großen Worten neigen. Ich möchte mich nur in einem Punkt ankla-

19 Carlo ist 1952 zum ersten Mal in Betlehem gewesen am Ende zweier ausgedehnter Weltreisen, die ihn nach Spanien, Marokko, Algerien, Brasilien, Argentinien, Uruguay, Griechenland, Syrien, Libanon, Saudi-Arabien, Pakistan, Indien, Thailand, Ägypten, Irak, Äthiopien, Somalia und Israel geführt haben.

Am 10. Dezember 1952 trug er in sein Tagebuch ein: „Betlehem: Schon das Wort genügt, mein Herz mit Bewegung zu erfüllen . . . Ich bin noch nicht zur Grotte gegangen: ich will mich ein wenig vorbereiten."

Ein paar Tage später trafen Nino und Poldo (siehe oben, S. 18, Anmerkung 2) ein. Carlo Carretto hielt in seinem Tagebuch weiter fest: „Weihnachten 1952. Ich habe die Nacht in der Grotte verbracht, die das hochheilige Geheimnis der Geburt Jesu gesehen hat. Ich habe die hl. Messe ganz nahe bei der Krippe mitgefeiert. Mir kam es vor, als berührte ich die Hände Jesu. Ich habe die Anwesenheit Mariä und Josefs in meiner Nähe gespürt. Und mit Weihnachten 1952 beginnt ein neues Leben. 6.30 Uhr Wecken – 7 bis 8 Uhr Messe (Prim, Betrachtung) – 9 bis 13 Uhr Arbeit – 16 bis 21 Uhr Arbeit – 23.30 Uhr Gewissenserforschung, Besinnung – 24 Uhr Nachtruhe . . ." (Fondo Carretto/Jesus Caritas).

gen: den Herrn nicht so zu lieben, wie ich müßte. Wenn es mir gelingt, zu einer starken Gottesliebe zu kommen, regelt sich alles andere von selbst. Wenn nicht, ist es nutzlos, nichtssagende Einzelheiten losgelöst vom großen Beweger, der Liebe, in Fächer einzuordnen.

Wer aber gibt mir die Gottesliebe? Das kann doch sicher nur Er. Demütig und inständig bitte ich ihn in der heutigen Nacht darum, in der ich seinetwegen nicht zu Hause bin.

Ich bin bereit, mich völlig zu entäußern, zu sterben, aber ich will seine Liebe. Ohne ihn empfinde ich eine große Leere, empfinde ich das Nichts, die abgrundtiefe Traurigkeit. Wie wahr ist es doch, daß der Mensch für Gott geschaffen ist. In der Welt verlockt mich nichts mehr, und doch bin ich noch nicht in Gott verwurzelt. Es ist, als hinge ich in der Luft. Gott, hilf mir. *Ich glaube fest an dich,* und du weißt es. Ich habe darauf vertraut, daß du mich aus den Schlingen des Todes befreien würdest. Ich habe darauf vertraut, daß du das Problem lösen würdest, das mein Wille nicht mehr lösen konnte. Mein Glaubensakt war meine einzige Kraft, und du bist gekommen. Dank dir, Herr! Vollende nun das Werk, tu du es wieder, traue mir nichts zu, zieh mich in dich hinein, gib mir die Freude der ersten Liebe wieder. Weißt du noch, wie du mich in der Wüste meiner Jugend gerufen hast? Ich war damals dreiundzwanzig Jahre alt[20], und du hast mich in deine Arme geschlossen wie

20 „Ich hatte mich mit dem Gedanken getragen, zu heiraten, und wußte nicht einmal, daß es für mich auch einen anderen Weg geben könnte.

Ich habe einen Arzt getroffen, der das Gespräch auf die Kirche brachte und darauf, wie schön es sei, ihr mit unserem ganzen Sein auch dann zu dienen, wenn man in der Welt bliebe. Ich weiß nicht, was in jenen Tagen geschehen ist und wie es geschehen ist, doch es stimmt, daß ich eine stille Kirche aufgesucht hatte, um im Gebet das Gedankengewirr, das meinen Geist aufwühlte, zur Ruhe zu bringen: Da hörte ich wieder die Stimme, die ich während meiner Beichte bei dem alten Missionar vernommen hatte: ‚Du wirst nicht heiraten; du wirst mir dein Leben schenken. Ich werde für immer deine Liebe sein.'

Es war nicht schwer, auf die Ehe zu verzichten und mich Gott zu wei-

eine Braut. Gib mir diese Freude wieder. Ich bin sicher, daß du mir meine Vergangenheit verziehen hast. Das hast du mit dem Jeremia-Wort gesagt: „Kann denn eine Frau, die ihrem Mann treulos wird, je zu ihm zurückkehren, verkommen und ehebrecherisch? Und ihr habt mit vielen gebuhlt. Doch kommt zu mir zurück, spricht der Herr, und ich nehme euch wieder auf wie ehedem und schließe mit euch einen ewigen Bund" (vgl. Kap. 3).

Welche Güte spricht doch aus all diesen Worten, Herr, und wie künden sie das Maß deiner Liebe zu uns!

Ich will deshalb in dieser Nacht meinen Glaubensakt noch einmal setzen. *Herr, ich glaube an deine Liebe. Du hast mich mit aller Macht hierhin geführt. Du wirst die Gnadengabe vollenden und mich an dich drücken und mir gewähren, was die Liebe zu dir und die Liebe zu den Armen, also zu allen Menschen, von dir verlangen.*

Ich habe Milad um einen Leitgedanken für mein Noviziat gebeten. Er hat mir gesagt: „Durch die Verwirklichung der Form die Substanz suchen. Das Licht und die Wärme kommen dann von selbst."

St.-Stephans-Tag 1954

Gestern abend hat uns P. Voillaume besucht und uns den Geist des Kindseins ans Herz gelegt. Er ist wieder vom Begriff des Kindes im Evangelium ausgegangen. So müssen wir vor Gott sein. Betrachten wir ein paar Merkmale dieses Kindseins. Das Kind glaubt an seinen Vater, es hat keine Angst vor ihm, es vertraut sich ihm blindlings an. Es fragt sich nicht besorgt: „Was werde ich morgen essen?", denn es weiß ja, daß er da ist. Dieses grenzenlose Urvertrauen, diese völlige Hingabe, dieses von Hintergedanken freie Aufschauen zum Vater, wie es den Kleinen eigen ist, das muß meine Haltung Gott gegenüber

hen, denn alles in mir hatte sich gewandelt; es wäre mir seltsam vorgekommen, mich in ein Mädchen zu verlieben, so sehr erfüllte Gott mein Leben" (aus: *Wo der Dornbusch brennt*, Freiburg i. Br., 20. Aufl. 1989).

sein. Einen sichereren Weg gibt es nicht. Unser ganzer Glaube bemüht sich darum. Sonst „werdet ihr nicht hineinkommen", sagt Jesus. Was hätte denn Maria getan und gedacht, wenn sie sich nicht von diesem Geist des Kindseins hätte leiten lassen, den der Glaube ihr eingegeben hatte? Hätte sie das Geheimnis der Geburt Jesu verstanden? Wäre sie mit dem unbegreiflichen Kindermord zurechtgekommen? Wieso greift der Allmächtige nicht ein! Er, der doch auf wunderbare Weise Josef zur Flucht auffordert? Solche Fragen können wir uns sparen. Das menschliche Leben ist solch ein Rätsel, daß nur der in kindlicher Schlichtheit akzeptierte Glaube es lösen kann. *Hier ist mein Weg.*

Deshalb bin ich *Kleiner Bruder Jesu* geworden. Das ist der passendste Titel für einen Christen und die korrekteste Beziehung zu Jesus. Diese Beziehung knüpft die andere Beziehung, die zum Vater, noch fester. Ich bin Kind des Vaters, für seine Familie errungen um den Preis des Blutes des Erstgeborenen, Jesus. Und zum Heiligen Geist? Die korrekteste Beziehung scheint mir da – im Blick auf die Jungfrau Maria – die bräutliche zu sein. Ist doch der Heilige Geist Gottes ganze Liebe, eben die Liebe, die den Vater mit dem Sohn verbindet. Er ist die schöpferische Liebe, die heiligmachende Liebe. Er ist also die Liebe Gottes, die die Liebe sucht, wovon die Ehe ein Abbild ist. Gottes Liebe ist somit mein Bräutigam, und solch eine Liebe ist es, in der ich künftig ganz aufgehen, mich verzehren, mich erfreuen und mich trösten muß.

Und das ist es, woraus vielleicht meine Fruchtbarkeit erwächst: aus dieser Liebesbeziehung, für die es keine Worte gibt.

Komm, Schöpfer Geist, mein innigst lieber Bräutigam, denn die Braut wird aus der Seite des Bräutigams geboren.

Besuch das Herz der Kinder dein. Dich drängt es ja, uns zu suchen, denn du liebst leidenschaftlich.

Erfülle nun mit deiner Gnad'. Was bringst du bei deinem Kommen mit? Die Fülle. Denn wenn du in der Seele zugegen bist, was bleibt dann noch zu wünschen übrig? Nichts, denn du bist das Ein und Alles, das Ganze, das jeden Hunger stillt und Frieden bringt.

Die Herzen, die du erschaffen hast. Dein sind sie, diese Herzen, denn schließlich gehören sie dir, drängt es sie zu dir hin, du allein bist es, der ihren Hunger stillt, Schöpfer Geist.

Der du der Tröster wirst genannt, vom höchsten Gott ein Gnadenpfand. Nicht Liebe ist die schönste Gabe, die Gabe seiner selbst ist es, also ganz wie in der Nächstenliebe und in der größten Angleichung an Gott.

Du Lebensbrunn, Licht, Lieb' und Glut. Da ist der Bräutigam – lebendiger Quell in der schmachtenden Wüste, das Ganze, das sich der Schöpfung schenkt, die Atemluft für die Lunge, das Licht in der Finsternis; alles, alles. Und darüber hinaus noch als feurige Glut, unverlöschliche Liebe. Lieber, lieber Bräutigam!

O Schatz, der siebenfältig ziert. Weisheit – Verstand – Rat – Stärke – Wissenschaft – Frömmigkeit – Gottesfurcht.

Du Finger an des Vaters Hand. Worin besteht die Aufgabe dieses erhobenen Fingers an Gottes rechter Hand? Er ist der Hinweis, er ist also der Weg, den man einschlagen muß, der Punkt, den man bei Entscheidungen beachten muß.

Geschenk vom Vater zugesagt. Kann es eine bessere Zusage der Liebe geben? eines Bräutigams an die Braut? eines Geliebten an die Geliebte?

Du, der die Zungen reden macht. Ohne dich ist alles stumm, doch mit dir löst sich unsere Zunge und spricht und spricht. Es sprechen die Propheten, es spricht Johannes, es spricht Jesus, es spricht die Kirche, es sprechen die Heiligen.

Zünd' ein Licht den Sinnen an. Unsere arme Sinneslust, angesteckt von Adams Verderbnis! Doch du, Lieber, erleuchte sie, bring sie wieder in Ordnung, dränge sie.

Gieß' Liebe in die Herzen ein. Genau das, denn sonst ist es unmöglich, Gott und die Menschen zu lieben.

Stärk' unsres Leib's Gebrechlichkeit mit deiner Kraft zu jeder Zeit.

Das ist deine Aufgabe als liebevoller Seelenarzt, als Heiler nach dem Fall, als unser Heiligmacher.

Treib' weit von uns des Feind's Gewalt, in deinem Frieden uns erhalt. Du bist es doch, Lieber, der deine Braut schützt, sie führst, sie durch die Wüste ins Land der Verheißung bringst, dem Frieden entgegen.

„Der Friede!" Das ist das Geschenk der Liebe, das größte Geschenk, das Jesus in Betlehem verheißen hat.

Daß wir, geführt von deinem Licht, in Sünd' und Elend fallen nicht. Den Führer hat man sich erwählt – die Liebe –, den himmlischen Bräutigam, das Endziel, das Ganze. Lauf in kindlichem Geist hinter ihm her, laß dich leiten; betrachte das Unbekannte genau, sieh in allem, was nicht dein ist, eine genaue Weisung seinerseits. Vertrau dich ihm blindlings an, begib dich auf den Weg. Er wird dich nie im Stich lassen, es ist ihm unmöglich, dich zu vergessen, dich nicht zu lieben, nicht an dich zu denken, laß dich leiten: *hab Glauben.*

Gott Vater, Gott Sohn, Gott Heiliger Geist, ich liebe dich, ich nehme deine Führung an, ich vertraue mich dir an in allem jetzt und immer. Amen.

Der Geist der Gotteskindschaft betrifft zum großen Teil auch die Haltung unserer eigenen Zukunft gegenüber. Das Kind vertraut, macht keine Pläne und weiß, daß sein Vater da ist. Es sorgt sich nicht um sein Essen: es weiß, daß sein Vater da ist. Es fürchtet sich nicht vor Reisen, wenn sein Vater dabei ist. Das ist wahrhaft Hingabe, demütige Hingabe, sorglose Hingabe in die Hand dessen, der kann, der weiß und der für alles sorgt.

Ein weiterer Aspekt dieses Geistes ist das Kleinsein.

Das Kind weiß, daß es klein ist, weiß, daß es wenig zählt, daß es wenig weiß. Es beschwert seinen Geist nicht mit unnützen Beziehungen . . . *Es zählt doch nicht,* es ist, als wäre es nicht vorhanden. Wer denkt an es? Wer muß an es denken? Seine Person ist niemals der Mittelpunkt des Interesses, und das ist alles.

Darüber hinaus ist der Geist der Kindschaft *Glaube.* Das Kind glaubt, lebt aus dem Glauben.

Sodann ist es arm – rein –, es liebt die Gerechtigkeit und den Sieg der Unschuld. *Ich würde also sagen, daß es ihm absolut nicht schwerfällt, das Gesetz des Gottesreiches zu akzeptieren: die Seligpreisungen.* Lesen wir sie einmal im Gedanken an das Kind.

Selig, die arm sind vor Gott;
denn ihnen gehört das Himmelreich.
Selig die Trauernden;
denn sie werden getröstet werden.
Selig, die keine Gewalt anwenden;
denn sie werden das Land erben.
Selig, die hungern und dürsten nach der Gerechtigkeit;
denn sie werden satt werden.
Selig die Barmherzigen;
denn sie werden Erbarmen finden.
Selig, die ein reines Herz haben;
denn sie werden Gott schauen.
Selig, die Frieden stiften;
denn sie werden Söhne Gottes genannt werden (Mt 5,3–9).

Ist das Kind nicht arm, sanftmütig, barmherzig, friedfertig und reinen Herzens?

Trauert es nicht? Dürstet es nicht nach dem Rechten und nach dem Warum?

Jesus hätte wirklich kein besseres Symbol finden können.

29. Dezember

Heute morgen habe ich meine Beziehungen zu meinem Bruder Jesus eingehend betrachtet und dabei vor allem bedacht, was er von sich gesagt hat. Versuchen wir, es jetzt einmal hier zusammenzufassen:

Ich bin der gute Hirt (Joh 10,11)
Ich bin das Licht der Welt (Joh 8,12)

Ich bin der Weg und die Wahrheit und das Leben (Joh 14,6)
Ich bin unter euch wie der, der bedient (Lk 22,27)
Ich bin der Herr über den Sabbat (Mt 12,8)
Ich bin nicht gekommen, um die Seelen zugrunde zu richten, sondern um sie zu retten (Joh 3,17)
Ich bin die Auferstehung (Joh 11,25)
Meine Worte werden nicht vergehen (Mk 13,31)
Meine Speise ist es, den Willen dessen zu tun, der mich gesandt hat (Joh 4,34)
Ich bin das Brot des Lebens (Joh 6,35)
Wer an mich glaubt, hat das Leben (Joh 6,47)
Ich bin der Anfang, der mit euch redet (Joh 1 ff.)[21]
Ich bin nicht auf meine Ehre bedacht (Joh 8,50)
Noch ehe Abraham wurde, bin ich (Joh 8,58)
Ich bin die Tür zu den Schafen (Joh 10,7)
Ich und der Vater sind eins (Joh 10,30)
Und ich, wenn ich über die Erde erhöht bin, werde alle zu mir ziehen (Joh 12,32)
Ich habe euch ein Beispiel gegeben (Joh 13,15)
Ich werde euch nicht als Waisen zurücklassen (Joh 14,18)
Ich bin der wahre Weinstock, und mein Vater ist der Winzer (Joh 15,1)
Ich bin der Weinstock, ihr seid die Reben (Joh 15,5)
Ich nenne euch nicht mehr Knechte, sondern Freunde (Joh 15,15)
Vom Vater bin ich ausgegangen und in die Welt gekommen; ich verlasse die Welt wieder und gehe zum Vater (Joh 16,28)
Für sie bitte ich (Joh 17,9)
Ich bin ein König (Joh 18,37)
Lernt von mir; denn ich bin gütig und von Herzen demütig (Mt 11,19)
Ich habe keinen Ort, wo ich mein Haupt hinlegen kann (Lk 9,58)
Ich bin bei euch alle Tage bis zum Ende der Welt (Mt 28,20)

21 Gedacht ist wohl an Joh 8,25; vgl. Neue Jerusalemer Bibel, Freiburg i. Br. 1985, 1527, Anm. zu 8,25 (Anm. des Übers.).

30. Dezember

Die Liebe ist der Schlüssel zu allen Geheimnissen des Christentums. Ohne sie lassen sich die Schatztruhen der Gedanken Jesu nicht öffnen. Sie steht hinter der Bergpredigt, sie ist das ureigene Leben Gottes. Wie ist die Keuschheit ohne die Liebe zu verstehen? Und was wird aus der Armut, wenn sie nicht von der Gottes- und der Nächstenliebe beseelt wird? Eine Torheit. Carlo, du mußt spüren, daß du dazu berufen bist, und dich in allen gedanklichen und praktischen Schwierigkeiten an die Liebe halten.

31. Dezember

Ein unbestrittener Glaubensakt, den du vollziehen mußt, lautet: Er weiß es, Er wird dich führen, Er läßt dich nicht im Stich. Er wird sich offenbaren, Er wird das begonnene Werk vollenden.

Inzwischen ist schon Silvester. Das Jahr 1954 geht mit allem Alten, sehr Altem, zu Ende, und das einzig Neue, das auch mit dem Jahr verbunden ist, das heute nacht kommt, ist mein Eintritt bei den Kleinen Brüdern. Wenn ich eine Zusammenfassung des alten Jahres geben sollte, käme ich mit der Aufzählung des Negativen nicht zu Ende. Ich kann wirklich sagen, daß ich bis auf den Grund abgesunken bin, wo man liegenbleibt wie das Wrack eines untergegangenen Schiffes. Dessen bin ich mir gewiß, und auf diese Gewißheit kann ich mich in Zukunft ruhig berufen, wenn Prüfungen kommen. Ich wäre wie ein Spießbürger an geistlicher Schwindsucht gestorben. Vielleicht schaffe ich es auch nicht auf dem eingeschlagenen Weg, weil das Böse tief sitzt, aber hier wird, so glaube ich, die Kraft Gottes, des Allmächtigen, aufleuchten müssen. Wenn er mich hierhin geführt hat, so heißt das, daß er noch Hoffnung hat. Ich werde verbissen kämpfen, aber vor allem setze ich auf Ihn. Heute morgen habe ich meinen absoluten Glaubensakt vollzogen, und ich werde ihn wohl noch oft wiederholen. Wenn ich am heutigen Tag die Lage zusammenfasse, kann ich sagen:

1. *Ich glaube, daß der Herr mich als Schäflein zu sich führen wird,* damit ich bei ihm bleibe, ihn allein liebe und den Bund von einst erneuere.
2. *Ich glaube, daß er mich lehren wird, zu beten.*
3. *Ich werde mich energisch um den Geist der Kindschaft bemühen und setze dabei vor allem auf die Liebe.* Um diesen Weg gangbarer zu machen, werde ich meine Beziehungen zu
   meinem *Bruder Jesus,*
   zum *Vater,*
   zum *Heiligen Geist, dem Bräutigam,*
   verbessern.
4. Ich werde versuchen, engagiert die Bergpredigt zu leben und dabei ganz offen zu sein für das Wirken des Heiligen Geistes.
5. Ich werde immer versuchen, in Wahrheit und Freiheit zu *sein* und nicht so zu *scheinen.*
6. Ich werde mit aller Kraft meinen Egoismus bekämpfen, weil er die Ordnung der Liebe stört, für die ich mich als Beruf und als meine selbstverständliche Haltung im geistlichen Leben entschieden habe.

TAGEBUCH 1955

2. Januar 1955

NAMEN-JESU-FEST

Jesu decus angelicum
In aure dulce canticum
In ore mel mirificum
In corde nectar caelicum[1].

Jesus, du bist der Engel Zier,
im Ohre lieblicher Gesang,
im Munde Honig wundersam,
im Herzen süßer Himmelstrank.

Heute morgen habe ich meine Beziehungen zu den drei göttlichen Personen unter drei Überschriften zusammengefaßt:

Unser Vater,
Jesus, mein lieber Bruder,
Heiliger Geist, fons vitae, ignis, caritas[2],

und immer wieder Vertrauen, Vertrauen, Vertrauen. Wenn diese Beziehungen wirklich bestehen, muß die erste Haltung der Seele die der absoluten Gewißheit sein. Die drei göttlichen Personen werden die Gnadengabe vollenden, werden mich beten lehren, werden in mir den Sinn für die Seligpreisungen wecken und ihre höchste Auszeichnung mit mir teilen: die

1 Laudes-Hymnus des Namen-Jesu-Festes (früher am Sonntag zwischen dem 1. und dem 6. Januar) nach dem monastischen Antiphonale.
2 Heiliger Geist, du Lebensquell, Licht, Lieb' und Glut.

Liebe, das Gottesgeschenk der Caritas. Das ist der Glaube, den ich haben muß.

3. Januar

Heute will ich zwei Gedanken festhalten. Der eine betrifft das Gottvertrauen, der andere die göttliche Liebe. Ich will mir angewöhnen, Gott in mir wirken zu sehen, und werde deshalb besonders wachsam auf alles eingehen, was ich weder geplant noch in die Wege geleitet habe. Wo es um Entscheidungen geht, *werde ich,* wenn möglich, *die anderen entscheiden lassen.*

Was die Liebe angeht, so muß ich mich zwingen, möglichst aus mir herauszugehen. Je mehr ich an die anderen denke, um so mehr werde ich mich daran gewöhnen, auf mich keine Rücksicht zu nehmen. Je mehr ich mich vergesse, um so besser gelingt, was ich tue.

Dein Reich komme

Statt des Hasses herrsche deine Liebe
Statt des Krieges der Friede
Statt der Unanständigkeit die Reinheit
Statt der Wollust die Keuschheit
Statt der Gewalt die Sanftmut
Statt der Rache die Vergebung
Statt des Reichtums die Liebestat
Statt der Armut das Beglücktsein
Statt des Schreckens Ruhe
Statt der Trauer Freude
Statt der Todesfurcht Glaube
Statt der Verzweiflung Friede
Statt der Sünde Gnade
Statt der Lauheit Glut
Statt Egoismus die Gabe
Statt Berechnung Großherzigkeit
Statt Gottlosigkeit Anbetung

Statt Finsternis Licht
Statt käuflicher Liebe Jungfräulichkeit
Statt Verwahrlosung Ansehen
Statt des rebellischen Sohnes Fügsamkeit
Statt des nichtswürdigen Vaters Zucht
Statt Leid Freude
Statt Leere Fülle
Statt Tod Leben
Statt Ausbeutung Verantwortung
Statt Diebstahl Dienst
Statt Unterdrückung Milde
Statt Herrschen Dienen
Statt Kommunismus Kommunität
Statt Rassismus Katholizität.
Dein Reich komme.

Ein Problem, das mir oft Sorge gemacht hat, ist das des Widerstandes, den die Seele der Gnade entgegensetzt. Ich will hier die Stellen aufschreiben, an denen sogar das Evangelium davon spricht:

„Immer wenn ein Mensch das Wort vom Reich hört und es nicht versteht, kommt der Böse und nimmt alles weg, was diesem Menschen ins Herz gesät wurde; hier ist der Samen auf den Weg gefallen.

Auf felsigen Boden ist der Samen bei dem gefallen, der das Wort hört und sofort freudig aufnimmt, aber keine Wurzeln hat, sondern unbeständig ist; sobald er um des Wortes willen bedrängt oder verfolgt wird, kommt er zu Fall. In die Dornen ist der Samen bei dem gefallen, der das Wort zwar hört, aber dann ersticken es die Sorgen dieser Welt und der trügerische Reichtum, und es bringt keine Frucht" (Mt 13,19–22).

Mangelnder Glaube – Wirken des Bösen – Zerstreuung – Leichtsinn – Reichtum – Lebensgenuß. Schon Jesus hat diese Liste zusammengestellt. Und weiter:

„Wer mein Jünger sein will, der verleugne sich selbst,

nehme täglich sein Kreuz auf sich und folge mir nach" (Lk 9,23). „... weil du all das den Weisen und Klugen verborgen ... hast" (Lk 10,21).

„Marta, Marta, du machst dir viele Sorgen und Mühen" (Lk 10,41). „Das Auge gibt dem Körper Licht. Wenn dein Auge gesund ist, dann wird dein ganzer Körper hell sein" (Mt 6,22). „Gebt acht, hütet euch vor jeder Art von Habgier" (Lk 12,15). „Euch aber muß es zuerst um sein Reich und um seine Gerechtigkeit gehen; dann wird euch alles andere dazugegeben" (Mt 6,33). „Ihr alle werdet umkommen, wenn ihr euch nicht bekehrt" (Lk 13,3).

„Niemand kann zwei Herren dienen" (Mt 6,24). „Wie schwer ist es für Menschen, die viel besitzen, in das Reich Gottes zu kommen!" (Lk 18,24).

„... sondern wer bei euch groß sein will, der soll euer Diener sein, und wer bei euch der Erste sein will, soll der Sklave aller sein" (Mk 10,43 f.).

Mangelnde Entsagung, Menschenklugheit, getrübter Blick, Habgier, dem Irdischen verhaftet sein, Unbußfertigkeit, Zwielichtigkeit, Reichtum, Stolz – eine weitere Liste von Hindernissen für den geistlichen Fortschritt.

Sehen wir einmal, wo Johannes die Akzente setzt:

„... aber die Seinen nahmen ihn nicht auf" (1,11).

„Wer mein Wort hört und dem glaubt, der mich gesandt hat ... ist vom Tod ins Leben hinübergegangen" (5,24).

„Wie könnt ihr zum Glauben kommen, wenn ihr eure Ehre voneinander empfangt, nicht aber die Ehre sucht, die von dem einen Gott kommt?" (5,44).

„Wer an mich glaubt, hat das ewige Leben" (3,36).

„Wer an mich glaubt, aus dessen Innerem werden Ströme lebendigen Wassers fließen" (7,38).

„Wenn ihr in meinem Wort bleibt, seid ihr wirklich meine Jünger. Dann werdet ihr die Wahrheit erkennen, und die Wahrheit wird euch befreien" (8,31 f.).

„Ich bin als Licht dieser Welt gekommen, damit jeder, der an mich glaubt, nicht in der Finsternis bleibt" (8,12).

„Wenn ihr mich liebt, werdet ihr meine Gebote halten" (14,15). „Wer meine Gebote hat und sie hält, der ist es, der mich liebt; wer mich aber liebt, wird von meinem Vater geliebt werden, und auch ich werde ihn lieben und mich ihm offenbaren" (14,21).

„Bleibt in mir, dann bleibe ich in euch" (15,4).

„Ein neues Gebot gebe ich euch: Liebt einander, wie ich euch geliebt habe" (13,34).

Es ist klar, daß für Johannes das „Hört auf das Wort des Herrn!" die Hauptsache ist. Hören und in die Tat umsetzen, was Jesus gesagt hat, ist der Königsweg, der zur innigen Vertrautheit mit dem Herrn führt.

Lesen wir beim Evangelisten Matthäus:

„Wenn eure Gerechtigkeit nicht größer ist als die der Schriftgelehrten und der Pharisäer, werdet ihr nicht in das Himmelreich kommen" (5,20).

„Liebt eure Feinde" (5,44).

„Hütet euch, eure Gerechtigkeit vor den Menschen zur Schau zu stellen" (6,1).

„Sammelt euch nicht Schätze hier auf der Erde" (6,19).

„Bittet, dann wird euch gegeben" (7,7).

„Alles, was ihr . . . von anderen erwartet, das tut auch ihnen!" (7,12).

„Wer das Leben gewinnen will, wird es verlieren; wer aber das Leben um meinetwillen verliert, wird es gewinnen" (10,39).

„Lernt von mir; denn ich bin gütig und von Herzen demütig" (11,29).

„Wenn euer Glaube auch nur so groß ist wie ein Senfkorn, dann werdet ihr zu diesem Berg sagen: . . . " (17,20).

„Wenn ihr nicht wie die Kinder werdet . . . " (18,3).

„Wenn du vollkommen sein willst . . . " (19,21).

„Alles, was ihr im Gebet erbittet, werdet ihr erhalten, wenn ihr glaubt“ (21,22).
„Denn ich war hungrig, und ihr habt mir nichts zu essen gegeben . . .“ (25,42).

Auch Matthäus legt den Nachdruck auf das Handeln, Verwirklichen, Geben und Sein. Es ist anscheinend klar, wie man der zur Erwägung gestellten These entspricht: „Man kommt im geistlichen Leben nicht voran, weil man nicht handelt, nicht ist und nichts ausführt.“ Man begnügt sich damit, zu sagen: „Herr, Herr“, aber das reicht nach seinen eigenen Worten nicht. Wenn also jemand fragen würde: „Warum mache ich keine Fortschritte? Ich bete und kommuniziere doch . . .“, könnte man ihm nur antworten: „Hast du alles den Armen gegeben? Opferst du dich?“, „Wie steht's mit deinem Glauben?“, „Bist du klein geworden?“, „Wie steht's mit deiner Gerechtigkeit?“, „Wo sind deine Schätze?“

Und das gilt auch für mich. Es geht darum, daß man etwas bewirkt, und nicht nur darum, daß man denkt. Wenn etwas bewirkt wird, entsteht eine neue Wirklichkeit und in ihrem Gefolge wieder eine neue und so weiter.

In der Nacht vor Epiphanie

Herrliche nächtliche Anbetung vor dem Allerheiligsten. Ich muß an das Geheimnis der Eucharistie denken, das so eng mit dem Schweigen Gottes und der Verborgenheit des Lebens Jesu zusammenhängt.

Epiphanie 1955

„Ich bin der Herr, und sonst niemand; außer mir gibt es keinen Gott“ (Jes 45,5).

Würde denn der Ton zum Töpfer sagen: „Was machst du da?“ Wehe dem, der zum Vater sagt: „Was zeugst du?“, und zur Frau: „Was bringst du zur Welt?“ (vgl. Jes 45,9 f.).

Du bist wahrhaft ein verborgener Gott, Gott Israels, du Retter! Der Gott, der die Himmel erschaffen und die Erde geformt hat, der sie gemacht und ihr Gestalt verliehen und *sie nicht im Chaos belassen hat . . .*

„Ich bin der Herr und habe nicht im Verborgenen geredet, irgendwo in einem finsteren Land; ich habe nicht zum Geschlecht Jakobs gesagt: ihr sucht mich vergebens, ich der Herr, der Gerechtigkeit lehrt und verkündet, was recht ist!" (Jes 45,18 f.).

„Wir werden zu ihm kommen und bei ihm wohnen" (Joh 14,23).
„Ich werde mich ihm offenbaren" (Joh 14,21).
„Fürchte dich nicht, du kleine Herde" (Lk 12,32).
„Ohne mich könnt ihr nichts tun" (Joh 15,5).
„Ich werde euch den Geist, den Beistand, senden" (vgl. Joh 14,16).
„Ich will, daß auch sie dort bei mir sind, wo ich bin" (Joh 17,24).
„Vater, heilige sie in der Wahrheit" (Joh 17,17).

Was besagen diese großartigen Stellen, wenn nicht dies: Ich, der Gott Israels, werde bei dir sein, werde dich nicht vergessen, werde dich heiligen.

Es ist an der Zeit, Schluß zu machen mit der unnützen Sorge, wir wären es selbst, die unsere Heiligung bewirkten! Entweder Er oder niemand brächte es fertig, das steht fest. Daraus ergibt sich etwas sehr Einfaches: die totale, bedingungslose Hingabe ist das Minimum, das du selbst bewirken kannst.

Ein Gedanke. Jesus begibt sich, von der Wut des Herodes aus Betlehem vertrieben, wieder auf den Weg nach Ägypten, den sein Volk, von der Liebe Gottes gedrängt, in umgekehrter Richtung gezogen war. „Und die Seinen nahmen ihn nicht auf" (Joh 1,11), nicht nur das, sondern in ihrer Vergeßlichkeit vertreiben sie Gott auf demselben Weg, den seine unendliche Barmherzigkeit schon einmal gezogen ist.

Jesus!

Gott, ich gebe dir meinen Willen, ich gebe dir mein Herz, ich gebe dir alles, was ich habe.

Heute abend habe ich zum ersten Mal so richtig gespürt, was Armut, Gehorsam und Ganzhingabe besagen.

Dein Wille geschehe. Gottes Wille ist eine Wirklichkeit. Er hat die Welt erschaffen, er hat die Erlösung beschlossen, hat den Gedanken gehabt, den Menschen kraft des großartigen Planes zu verherrlichen, ihn Christus gleichförmig zu machen durch die Erhebung zur Teilhabe an der göttlichen Natur. Dieser Wille Gottes hat nicht nur die großen Pläne beschlossen, sondern auch die kleinen und kleinsten auf sie hin ausgerichtet, da nichts sich seiner Weisheit und seiner Macht entziehen kann.

Gottes Wille ist demnach allgegenwärtig, in jeder Situation, in jedem menschlichen Entschluß, wie er auch kraft des Gesetzes des Instinktes und der Natur in allem gegenwärtig ist, was die Schöpfung zusammenhält.

Diese Feststellung ist sehr wichtig, denn sie macht die Welt lebendig, die ihm nicht fern ist, sondern vielmehr von seinem Willen regiert wird, dem es um die Liebe, das Wahre und das Gute geht.

Er ist also auch in mir und wirkt als Ansporn für meinen Willen, den seinen, der allzeit präziser, besser und größer ist, anzunehmen.

Auf Grund dieser Feststellung scheint es mir für meine Seele sehr wichtig zu sein, diesen Willen mit einem *Akt der totalen Hingabe* im voraus zu bejahen wie auch eine feste Gewohnheit daraus zu machen, in allen Belangen meines Lebens diesen Willen zu bedenken, zu sehen und anzunehmen.

Das habe ich gestern abend sagen wollen, als ich vielleicht zum ersten Mal meinen Willen ganz dem Willen Gottes überlassen habe.

In diesem Licht soll der *Gehorsam* gesehen werden.

Man gehorcht Ihm, und keinem Menschen. Da sieht man Ihn im Menschen, einzig und allein Ihn. Und da kein Ereignis solch einem höchsten, unendlichen, allmächtigen und liebenden Willen entgeht, ist es sehr wichtig, daß man sich angewöhnt, sich dem Geflecht aus menschlichen und Naturereignissen als einem Ausdruck des göttlichen Wollens gefügig anzuvertrauen und zu bemühen, den so naheliegenden Versuchungen auszuweichen. „Aber was hat denn diese Belanglosigkeit mit dem Willen Gottes zu tun?" – „Ohne Gottes Willen fällt kein Blatt vom Baum." Dieses christliche Sprichwort erscheint durch die hier angestellten Überlegungen in seinem rechten Licht. Es ist also richtig, wie ich mich gestern abend ausgedrückt habe: „Gott, ich gebe dir meinen Willen."

Und ich gebe dir mein Herz. Das ist die ausschließliche Ganzhingabe, ist die Seelenhaltung, die im alten Gesetz so deutlich zum Ausdruck kommt: Ich habe wieder den Ehebund mit dir geschlossen, du mußt mir die Treue halten. Du darfst nicht mit den falschen und lügnerischen Götzen buhlen – Ich allein genüge dir – du bist mein – ich bin deine größte Liebe – ich liebe dich – du bist mein.

Und schließlich die Armut.

Sie erscheint im rechten Licht durch die Hingabe all dessen, was mein ist, an Gott: „Omnia mea tua sunt" – „Mein ganzer Besitz ist dein" (Lk 15,31).

Man besitzt nichts mehr – alles hat man hingegeben – und die noch ärmeren Menschen verkörpern den Anspruch auf das, was man noch hat.

Und zuletzt? Die Nacktheit von Kalvaria.

Gott, gib mir diese Gesinnung.

12. Januar

Das Schweigen von Nazaret!

Dreißig Jahre lang wußte niemand, wer Jesus war! Das heißt, ein Geheimnis wahren. „Deus absconditus" – „Ein verborgener Gott" (Jes 45,15). Wie am Kreuz, wie im Altarsakrament.

14. Januar

Frère Milad hat gestern abend sehr schön zum 9. und 10. Kapitel des Matthäusevangeliums gesprochen: „Bittet den Herrn der Ernte, Arbeiter in seinen Weinberg zu senden." Vor allem „bittet". Sodann seid „arm" (nehmt nichts mit auf den Weg . . .).

„Wenn ihr in eine Stadt kommt, erkundigt euch, wer es wert ist . . ." (Mt 10,11). Dem Wirken des Apostels *geht* das Wirken Gottes *voraus*, der die Seele auf die Botschaft vorbereitet hat. „Ich sende euch wie Schafe mitten unter die Wölfe: seid arglos wie die Tauben und klug wie die Schlangen" (Mt 10,16). Das ist die diplomatische Haltung eines aufrechten, gradlinigen Apostels.

Herrliche Anbetungsstunde in der Nacht. Zum ersten Mal habe ich während der Anbetung in Gedanken eine Messe mitgefeiert. Gutgegangen.

17. Januar

Glaubensakt des Petrus. „Und zu wem sollen wir gehen? Nur du hast Worte des ewigen Lebens" (Joh 6,68).

Zusammenhang zwischen Natur und Übernatur zum Verständnis dessen, was der Mensch, und dessen, was Gott tut.

19. Januar

Gott alle eigenen Anliegen anzuempfehlen, muß wirklich Tag für Tag eine „Mühsal" sein: Mühsal insofern, als man das, worum man bittet, seinem Licht und seinem Willen anheimstellen muß. Sie muß das Echo auf das Ringen Israels mit dem Engel sein, die Fortsetzung des biblischen Gesprächs, das nie zu Ende geht.

Dieses Jahr muß ein Jahr intensiver Arbeit sein. Gesamtrevision meines Lebens, innere Umgestaltung, Gebet ohne Unterlaß, Französisch und Englisch lernen und vielleicht auch ein bißchen an künftigen Veröffentlichungen tun.

Eine ganz private Darstellung des Christentums mit Stellen aus der Heiligen Schrift erarbeiten.

Ich glaube, das Problem der Probleme für den Fortschritt im geistlichen Leben besteht darin, Komplikationen und Probleme auszuschalten.

20. Januar

Eins der Probleme, das mich im geistlichen Leben am meisten beschäftigt hat, ist, das Wie, die Art und Weise und das Maß der göttlichen Mitwirkung beim menschlichen Tun zu ergründen, besonders in bezug auf das Heiligkeitsstreben. Gestern kam mir der Einfall, diese Mitwirkung zur Rolle der Natur bei der bäuerlichen Arbeit in Beziehung zu setzen. Dabei bin ich auf fruchtbare Erkenntnisse gestoßen: Denken wir uns ein fruchtbares und wohlbestelltes Gut. Die Nachlässigkeit eines Besitzers hat es zur Wüste werden lassen. Nun erhebt sich die Frage: Ist es Sache der Natur oder des Menschen, das Gut wieder zur ursprünglichen Blüte zu bringen? Zweifellos ist man in diesem Fall geneigt, sofort den Beitrag zu sehen, den der Mensch leisten muß. Er muß etwas tun, schaffen, pflügen, mähen usw. Ohne diese Mühe kann man die Kräfte nicht wecken, die nach Gottes Willen in diesem Feld wirken sollen. Der Einsatz des Menschen ist also unerläßlich, d. h., er ist von Gott gewollt.

Natürlich wird der Mensch je nach seiner Mitwirkung mit den Kräften der Natur einen größeren Ertrag erwirtschaften, doch ist sein *Tun* unerläßlich. Quietismus – ruhiges Verharren – ist also fehl am Platz. Doch bleibt trotz der menschlichen Arbeit und Anstrengung vieles dem geheimnisvollen Spiel der Naturkräfte überlassen, auf Grund dessen er, auch wenn er weniger getan hat, einen Rekordertrag, und, wenn er sich mächtiger eingesetzt hat, eine Mißernte haben kann. Es bleibt also ein großer Teil dem Walten der Natur überlassen, und das muß man berücksichtigen. Wenn wir nun zu der Beziehung Mensch–Gott kommen, können wir uns in dieselbe Situation versetzen in dem Gedanken, daß, wie alles Nachbildung, Abbild und Beispiel ist, auch die Natur Nachbildung und Abbild der Übernatur ist.

Beginnen wir also: Gott will, daß der Mensch sich Mühe gibt. Dieses Bemühen ist demnach ganz nach seinem Willen. Da er den Menschen frei geschaffen hat, weiß er, daß dieses Bemühen ein echter Beweis für seinen Glauben ist. Es ist der Mensch, der sich zum Willen Gottes erhebt, der tut, was Gott will, wie er im Gebet um das bittet, was Gott will. Hier kann man wirklich sehen, wieso der Mensch „nur wenig geringer als die Engel" (Ps 8,6) ist. Sein Wille hat etwas Göttliches an sich. Aber wie das Bemühen des Bauern nicht dem Belieben überlassen ist, sondern sich nach den Naturgesetzen richtet, so muß das Bemühen der Seele um die eigene Heiligung sich ebenso nach den Gesetzen der Heiligung richten. Diese Gesetze zu entdecken und zu beachten, das ist der Weg, der zum Erfolg und zur Fruchtbarkeit führt. Rechtzeitige Aussaat, vernünftiges Düngen, Beachten der Jahreszeiten, sie sind das Unterpfand für den Ertrag, wie das geistliche Bemühen, die Demut, das Gebet, die Gnade und das Opfer der Weg zur geistlichen Fruchtbarkeit sind.

Also: Arbeiten, ja, aber in einem bestimmten Sinn, nach ganz klarer Anweisung.

Und welches sind die Gesetze, die zu beachten sind, damit

das menschliche Mühen Früchte trägt? Die Gesetze des Evangeliums – Hinweise Jesu, präzise Eingebungen des Heiligen Geistes. Und um damit zu beginnen: Die Gebote sind die früheste Formulierung des Gesetzes, das man entdecken muß, die Vollendung des Naturrechtes und der Stimme des Gewissens, das vom Schöpfer in jedem einzelnen von uns als Norm verankert worden ist. Über die Gebote hinaus ist sodann das Gesetz der Liebe ein Faktor, der bei allem entscheidet: „Ama et fac, quod vis" – „Liebe und tu, was du willst" ist tatsächlich die große Richtlinie für das Tun. Was die Liebe diktiert, wird zum Gesetz, dessen praktische Verwirklichung Aufgabe des Menschen ist. Hier könnten wir wirklich das Wort des Evangeliums: „Wer hat, dem wird gegeben . . .; wer aber nicht hat, dem wird auch noch weggenommen, was er hat" (Mt 25,29) zur Verdeutlichung heranziehen.

Es geht also darum, aus Liebe zu handeln. Wenn man das tut, wird es zur Gewohnheit, und man erringt allmählich einen Grad der Liebe, der, alles in allem, insofern schon Heiligkeit ist, als die Gnade auf dieses Bemühen einwirkt und in uns die Gestalt Jesu entstehen läßt nach dem Pauluswort: „Denn alle, die er im voraus erkannt hat, hat er auch im voraus dazu bestimmt, an Wesen und Gestalt seines Sohnes teilzuhaben . . ." (Röm 8,29 f.).

21. Januar

Ich werde ein wenig darüber nachsinnen müssen, was das Evangelium unter „Reich Gottes" versteht. Heute abend sind mir dazu während der Anbetung ein paar schöne Gedanken eingefallen, Gedanken, die ich erst noch etwas ordnen muß.

Das Reich Gottes ist der Ausdruck, mit dem Jesus die göttlich-menschliche Wirklichkeit bezeichnet, in der sich die Menschen nach der Vollendung des Erlösungswerkes und der Ankunft des Heiligen Geistes auf Erden befinden werden. Sie ist das Leben des mystischen Leibes, das Lebensprinzip der Kirche, die Wirklichkeit des Christseins in seiner vollen Bedeutung. Die Menschen, die Stämmen, Völkern, irdischen Reichen, Republiken usw. angehören, werden, wenn sie auch – menschlich gesehen – weiterhin diesen gesellschaftlichen Strukturen zugehören, durch die Taufe in eine neue, göttlich-menschliche Wirklichkeit eingegliedert, die Reich Gottes heißt.

Das ist dann auch das Reich, auf das Jesus bei seinem Verhör vor Pilatus hingewiesen hat: „Mein Reich ist nicht von dieser Welt" (Joh 18,36), wenn es auch an einer anderen Stelle heißt: „Das Reich Gottes ist mitten unter euch" (Lk 17,21). Es ist also ein Reich, das nicht auf der Erde beheimatet ist, das keine irdischen Grenzen besitzt, das man nicht an sich reißen und mit den leiblichen Augen nicht sehen kann.

Aber es ist auch auf Erden tatsächlich vorhanden, und zwar in den Seelen der Menschen, es macht Eroberungen, kennt Niederlagen, Erweiterungen und Schrumpfungen: es ist demnach ein Reich.

Selbstverständlich ist Gott der König dieses Reiches, und seine Hauptstadt befindet sich an jenem *verborgenen* Ort, den wir „Himmel" nennen. Seine Bürger sind die Seligen, die Engel, die Seelen am Läuterungsort und hier auf Erden die Christen. Selbstverständlich liegt der Teil des Reiches, in dem es am turbulentesten zugeht, hier auf Erden, es ist aber auch der Teil, in dem man die (schönsten) Siege erringt und die schönsten Seiten seiner Geschichte schreibt.

Dies ist das Grundgesetz des Reiches in seiner irdischen Fassung (Mt 5,3–10):

Selig, die arm sind vor Gott
Selig, die keine Gewalt anwenden
Selig die Trauernden
Selig, die hungern und dürsten nach der Gerechtigkeit
Selig die Barmherzigen
Selig, die ein reines Herz haben

Selig, die Frieden stiften
Selig, die um der Gerechtigkeit willen verfolgt werden.

Ihnen wird das *Reich* verheißen, der Besitz des Landes, der Trost, die Stillung von Hunger und Durst, die Barmherzigkeit, die Gottesschau, der Name „Söhne Gottes", der ewige Lohn.

Einige Aspekte dieses Reiches hat Jesus in seinen Gleichnissen skizziert: „Mit dem Himmelreich ist es wie mit einem König, der die Hochzeit seines Sohnes vorbereitete" (Mt 22,2).

Das ist ein ganz wichtiges Gleichnis, denn es ist der mystische Bericht von der Vermählung Gottes mit dem Menschen im Schoß Mariens. Die göttliche Natur vereint sich mit der menschlichen Natur, und es entsteht etwas, „als wahres Geheimnis, das seit ewigen Zeiten verborgen war", das das Erhabenste am ganzen Christentum ist.

Der Mensch wird auf eine Weise Bürger dieses Reiches, die in keiner anderen menschlichen Realität ein Gegenstück besitzt: er wird der göttlichen Natur teilhaft: „Hat es nicht geheißen: ihr werdet allesamt Götter sein?" (Ps 83,6 f.). Der Mensch wird beim Eintritt in das Reich vergöttlicht, von nun an wird er sogar zur Familie Gottes gehören – wird „blutsverwandt mit Christus". Und weiter:

„Mit dem *Himmelreich* ist es wie mit einem Mann, der guten Samen auf seinen Acker säte. Während nun die Leute schliefen . . ." (Mt 13,24).

„Mit dem *Himmelreich* ist es wie mit dem Sauerteig, den eine Frau unter einen großen Trog Mehl mischte" (Mt 13,33).

„Mit dem *Himmelreich* ist es wie mit einem Kaufmann, der schöne Perlen suchte. Als er eine besonders wertvolle Perle fand, verkaufte er alles, was er besaß, und kaufte sie" (Mt 13,45 f.).

„Weiter ist es mit dem *Himmelreich* wie mit einem Netz, das man ins Meer warf, um Fische aller Art zu fangen. Als es voll war, zogen es die Fischer ans Ufer; sie setzten sich, lasen die guten Fische aus und legten sie in Körbe, die schlechten aber warfen sie weg" (Mt 13,47 f.).

„Mit dem *Himmelreich* ist es wie mit zehn Jungfrauen, die ihre Lampen nahmen und dem Bräutigam entgegengingen ..." (Mt 25,1 ff.) ... *Weil der Herr* handeln wird „wie ein Mann, der auf Reisen ging: Er rief seine Diener und vertraute ihnen sein Vermögen an. Dem einen gab er fünf Talente, einem anderen zwei, einem dritten eins ..." Weil „dem, der hat, gegeben wird, und er im Überfluß haben wird, dem aber, der nicht hat, auch noch weggenommen wird, was er hat" (Mt 25,14 ff.29).

Aussaat, Fruchtbarkeit, Kampf zwischen Gut und Böse, stilles Wachsen, Durchsäuerung, Freude über den gefundenen Schatz, Kontemplation des überaus Kostbaren und Schönen, Fang im göttlichen Netz, Aufforderung zu Wachsamkeit und Suche und zum Wirtschaften mit den empfangenen Gaben sind Programmpunkte für alle, die zum heiligen Abenteuer des Evangeliums auserwählt sind. Es verdient Beachtung, daß die Bilder vom Sauerteig, vom Netz und vom Samen an Lautlosigkeit denken lassen und allen Lärm und alle Aufregung vermeiden. Auch der vergrabene Schatz erfährt das Stillschweigen dessen, der ihn gefunden hat, und der Kaufmann hält die Freude über seinen großartigen Fund in seinem Herzen. Was sollen wir erst von dem Menschen sagen, der zuversichtlich seinem Vorhaben nachgeht? Alles vollzieht sich also wie in der Natur „ganz unmerklich".

Jesus zieht die Suche nach diesem Reich allen Gütern vor und stellt die neue Rangordnung für den freien Menschen auf: „Sucht zuerst das Reich Gottes und seine Gerechtigkeit; dann wird euch das andere dazugegeben" (Lk 12,31), und hat seinen Besitz denen zugesichert, die sich nicht mit Worten, sondern mit Taten darum bemüht haben: „Nicht wer zu mir sagt: Herr! Herr!, wird in das Himmelreich kommen, sondern nur, wer den Willen meines Vaters tut" (Mt 7,21).

Schließlich hat er angedeutet, wie man bei der Eroberung des Reiches vorgehen muß, auf eine Weise, die jedem menschlichen Vorgehen genau entgegengesetzt ist: „Wahrlich, ich sage euch: Wenn ihr nicht umkehrt und wie die Kinder werdet, könnt ihr nicht hineinkommen" (Mt 18,3), und er hat es für die Menschen aller Zeiten offengelassen. „Mit dem Himmelreich ist es wie mit einem Gutsbesitzer, der frühmorgens sein Haus verließ, um Arbeiter für seinen Weinberg zu dingen ... Um die dritte Stunde ging er wieder ..." (Mt 20,1 ff.).

Was ist sodann von der Sehnsucht Jesu zu sagen, dieses Reich zu schaffen, von der Sehnsucht, die so groß war, daß er sie in das Gebet aufgenommen hat, das er selbst verfaßt hat: „Dein Reich komme"?

22. Januar

Heute abend habe ich während der Anbetungsstunde gespürt, daß sich mir eine sehr wichtige Glaubenssicht erschloß. In Gedanken war ich beim Letzten Abendmahl und habe mir wiederholt Jesu Wort vorgesagt: „Nehmt und eßt – das ist mein Leib ... Das ist mein Blut" (Mk 14,22–25). Für Jesus sind das Verlangen und die Tat eins, denn er macht sich nichts vor. Das Verlangen nach und das Einverständnis mit seinem Opfer sind schon das Opfer selbst. Ich habe versucht, mir meine Gefühle vorzustellen, das, was ich angesichts des Vorschlags empfunden hätte: „Das ist dein Leib, opfere ihn hin. Das ist dein Blut, bist du bereit, es hinzugeben?" Ich habe meine ganze Unreife und den unendlichen Abstand entdeckt, der zwischen meiner Seele und der wirklichen Ergebenheit in das Opfer lag. Da habe ich gesagt: „Vater, präge mein Sein mit dem Abbild Jesu, deines Sohnes, laß in mir dieselbe Gesinnung, dieselben Wünsche und dieselbe Ergebenheit entstehen." Es schien mir, als antwortet er: „[...] du aber, laß dich zurechtschmieden, laß mich in dir Jesus, meinen erstgeborenen Sohn, gestalten [...]."

Einverstanden. Aber, so habe ich schnell hinzugefügt, laß du mich nicht im Stich. Du weißt, wie klein ich bin, wie ohnmächtig ich mir vorkomme und bin. Sei du mein Halt. Vor allem entziehe mir nie deine Gegenwart. Du weißt, welcher Schrecken mich packt, wenn du dich mir nicht bemerkbar machst!

Tiefer Friede war die Antwort.

Milad hat schöne Gedanken zum Petrusbekenntnis vorgetragen. Petrus versichert – vom Vater erleuchtet –, daß Jesus der Christus ist, und meint, er sei jetzt befugt, als Sprecher für das ganze Mysterium aufzutreten. Da irrt er aber. Wenn man etwas verstanden hat, heißt das nicht, daß man alles versteht. Und Milad hat mit den Worten geschlossen: „Das Leben ist eine Reise, und unsere Entdeckungen machen wir allmählich, eine nach der anderen; auch unser Glaube nimmt allmählich Gestalt an. Worauf es ankommt, ist, demütig und ganz nahe bei Jesus zu bleiben."

Gottes Majestät
Anbetungssprüche

Er, der ist und der war und der kommt
Der treue Zeuge
Der Erstgeborene der Toten
Der Herrscher über die Könige der Erde
Ich bin das Alpha und das Omega
Der Anfang und das Ende
Der Allmächtige
Der Erste und der Letzte
Der Lebendige
Ich habe die Schlüssel zum Tod und zur Unterwelt
Er, der das scharfe Schwert hat
Er, der Augen wie Feuerflammen hat
Seine Beine glänzen wie Golderz
Er, der die sieben Geister Gottes hat, und

der Heilige und der Wahrhaftige
Der öffnet, so daß niemand schließen kann,
der schließt, so daß niemand mehr öffnen kann
Der Anfang der Schöpfung
Der Amen
Der Löwe aus dem Stamm Juda
Das Wort Gottes
Das Lamm, das geschlachtet ist
Der König der Könige und der Herr der Herren
Ich bin die Wurzel Davids
Der strahlende Morgenstern (Offb)

Im Anfang war das Wort
Alles ist durch es geworden
In ihm war das Leben
Das Wort ist Fleisch geworden
Niemand hat Gott je gesehen
Das Lamm, das die Sünden hinwegnimmt
Ich bin das Brot des Lebens
Wer an mich glaubt, hat das ewige Leben
Der Anfang, der ich zu euch rede
Ich bin die Tür
Ich bin der gute Hirt
Ich bin die Auferstehung und das Leben
Ich bin das wahre Leben
Ehre sei Gott in der Höhe
Denn . . . dein Name werde geheiligt
Ich bin das Licht der Welt
Ich bin die Wahrheit und der Weg (Evangelien)

Was hast du, das du nicht empfangen hättest?
Der Fels war Christus
Gepriesen sei der Gott und Vater Jesu Christi,
unseres Herrn!
Ihn, der als Haupt alles überragt, hat er über die Kirche gesetzt

Schlußstein
Der unergründliche Reichtum Christi
(Christus) war Gott gleich,
hielt aber nicht daran fest, wie Gott zu sein,
sondern entäußerte sich
und wurde wie ein Sklave
...
Damit im Namen Jesu
jedes Knie sich beuge
im Himmel, auf der Erde und unter der Erde
und jeder Mund bekenne:
Jesus Christus ist der Herr
zur Ehre Gottes, des Vaters
Gott ist es, der in euch das Wollen und das Vollbringen bewirkt
Er ist das Ebenbild des unsichtbaren Gottes,
der Erstgeborene der ganzen Schöpfung.
Denn in ihm wurde alles erschaffen
im Himmel und auf Erden,
das Sichtbare
und das Unsichtbare.
In ihm ist alles versöhnt worden,
der Friede gestiftet hat am Kreuz durch sein Blut,
alles im Himmel und auf Erden.
Wie reich und herrlich
dieses Geheimnis unter den Völkern ist:
Christus ist unter euch,
er ist die Hoffnung auf Herrlichkeit.
Gott des Friedens
Dem, der mir Kraft gegeben hat: Christus Jesus
Dem König der Ewigkeit, dem unvergänglichen, unsichtbaren,
einzigen Gott, sei Ehre und Herrlichkeit in alle Ewigkeit.
Der sich als Lösegeld hingegeben hat
Alles, was Gott geschaffen hat, ist gut

Hohepriester
Es ist furchtbar,
in die Hände des lebendigen Gottes zu fallen
Ich beuge meine Knie vor dem Vater
unseres Herrn Jesus Christus (Paulus)
Ich bin der „Ich-bin-da"
Ich bin der Herr, dein Gott
Du sollst den Namen
des Herrn, deines Gottes, nicht mißbrauchen
„Wo warst du, als ich die Erde gegründet?
Wer setzte ihre Maße? Du weißt es ja.
Wer hat die Meßschnur über ihr gespannt?
Wohin sind ihre Pfeiler eingesenkt?
Oder wer hat ihren Eckstein gelegt?" (Ijob)

25. Januar

Es ist nutzlos, Bibelstellen zu suchen und dabei die Pflichttreue zu vergessen. Willensanstrengung zählt sehr viel mehr. Als ich gestern mit Milad sprach, habe ich mich wieder in der Schlinge meiner Eitelkeit verfangen. Die Sorge um mich selbst ist der Aufrichtigkeit und der Freiheit im Gespräch abträglich und läßt mich unzufrieden. Das muß das letzte Mal sein! Ich muß mir auch in puncto Essen und Trinken meine Freiheit erkämpfen. Wenn wir uns auf ein Programm geeinigt haben, muß ich es treu befolgen.

Die Freude des ganzen Tages war die Auslegung einer Stelle aus dem Evangelium: „Wer mir nachfolgen will, nehme sein Kreuz auf sich" (Mt 16,24), *er sehe sich als zum Tod verurteilt an* (Vorstellung von damals zum Tod verurteilten Sklaven auf dem Weg zur Hinrichtung). Die folgende Stelle paßt denn auch zu diesem schroffen Ton: „Wer sein Leben retten will, wird es verlieren; wer aber sein Leben um des Evangeliums willen verliert, wird es gewinnen" (Mt 16,25). Und sie schließt: „Was nützt es einem Menschen, wenn er die ganze

Welt gewinnt, dabei aber sein Leben einbüßt?“ (Mt 16,26). Das ist wirklich eins der härtesten Worte des göttlichen Meisters, und es folgt auf seine erste Leidensankündigung. Ein würdiger Schluß!

26. Januar

Bei der angeborenen, erklärten, offensichtlichen und erschrekkenden Untauglichkeit des Menschen zur Selbstverwirklichung gibt es einen Weg zum Heil: Gott.

Gott ist es, der uns verwirklicht.

Christus ist der Weg, auf dem Gott uns verwirklicht. Wie im menschlichen Leben und auf einer ursprünglichen Ebene der Vater seine kleine Tochter oder seinen kleinen Sohn, der Freund den Freund und der Bräutigam die Braut verwirklichen, so verwirklicht im übernatürlichen Leben der Vater den Sohn, verwirklicht Jesus den Bruder und der Heilige Geist seine Braut: die Seele. Das ist ein tiefer Trost, der mir heute morgen bei der Danksagung nach der Kommunion zuteil geworden ist.

Gott ist meine Verwirklichung.

29. Januar

Lieben, lieben, lieben – Gott über alles lieben, den Nächsten lieben, liebevoll an Gott denken, liebevoll Schmerzen ertragen, liebevoll verhandeln, aus Liebe leben: Das ist der Königsweg, auf dem man sich selbst verwirklichen und leichter zu Gott gelangen kann.

Es führt zu nichts, sich in angeblich der Sammlung dienenden Gebetstechniken und in endlosen Überlegungen abzumühen, bei denen man steril und leer bleibt, zumal wenn man, wie jetzt im Noviziat, Zeit hat. Das ist beinahe umsonst.

Auch gestern abend hat Milad einen wertvollen Beitrag zu dem Satz geleistet: „Wer der Größte sein will, soll werden wie der Kleinste und der Dienende“ (Lk 22,26).

Wir können und müssen eine Vorrangstellung anstreben, und Jesus zeigt uns den Weg: „Willst du der Größte sein? Dann nimm den letzten Platz ein; je mehr du dienst, um so größer wirst du."

Damit ist über die Rangordnung im Gottesreich entschieden, damit ist entschieden, welche Triebfeder alle auf die eigentlichen Ehrenplätze befördert.

30. Januar

Gestern abend hat Milad sehr schöne Gedanken zu der Evangelienperikope über die Toleranz vorgetragen! „Hindert ihn nicht! Denn wer nicht gegen euch ist, der ist für euch" (Mk 9,39 f.).

„Wer einen Gerechten aufnimmt, weil es ein Gerechter ist, wird den Lohn eines Gerechten erhalten" (Mt 10,41).

Es gibt tatsächlich ein unsichtbares Himmelreich, dessen Grenzen uns verborgen sind, und dessen Bewohner nur Gott kennt. Wie viele Menschen, die noch nicht in das sichtbare Gottesreich eingegangen sind, gehören dem unsichtbaren an! Jesus allein weiß und sieht das. Wie tröstlich ist doch dieser Gedanke! Und welches Licht wirft er auf unsere Berufung zu Kleinen Brüdern! Wie viele Menschen können in der Welt auf die Worte Anspruch erheben: „Wer euch auch nur einen Becher Wasser auf meinen Namen hin zu trinken gibt – amen, ich sage euch, er wird nicht um seinen Lohn kommen" (Mk 9,41).

31. Januar

Eine der Besonderheiten unserer Regel ist die Anbetung des Allerheiligsten Altarsakramentes. Diese Anbetung ist die liebevolle Suche der Gegenwart Jesu in seiner Gottmenschlichkeit und nicht nur Gottsuche geistlicher Art. Diese im Geheimnis der Eucharistie fast greifbare Gegenwart muß uns mit einer besonderen Art und Weise vertraut machen, die Gegenwart Jesu wahrzunehmen und den Strom unseres Betens in diese Richtung zu lenken. Damit zeichnet sich in der Kirche eine Entwicklung ab, die man noch zu wenig meditiert und gespürt hat: „Gott mitten unter uns."

Einer der Fortschritte, um die ich mich während meines Noviziates besonders bemühen muß, ist der, in der persönlichen Bekanntschaft mit Jesus. Und das sowohl in der eucharistischen Anbetung als auch in der betrachtenden Lesung des Evangeliums.

Wenn es aber stimmt, daß der Grad der Bekanntschaft mit Jesus dem Grad der Liebe zu ihm entspricht, begreift man gut, daß man hier vor einer regelrechten Aufgabe steht. Und wenn es ferner stimmt, daß die Liebe im Leid erprobt und bewiesen wird, fällt es mir leicht, aus dieser Aufgabe alle Konsequenzen zu ziehen.

4. Februar

Mario[3] wurde am 2. Februar als Novize eingekleidet. Er ist damit der dritte Italiener, der bei den Kleinen Brüdern eintritt. Gestern haben wir zur Feier des Ereignisses einen Ausflug in die Wüste gemacht. Ich zur Höhe von Géryville[4]. Zur Zeit kommt die Post nicht durch, und ich habe seit zehn Tagen nichts mehr erhalten.

3 *Mario Fumagalli* (1931–1988), Lombarde, als Kleiner Bruder in verschiedenen Fraternitäten in Belgien und Frankreich, vor allem aber in Japan. Er verließ die Kleinen Brüder Jesu wieder und wurde durch seine Verbindung zur „Opera Madonnina del Grappa" (1969) zum Priester der Erzdiözese Florenz geweiht, in der er zunächst in verschiedenen Pfarreien als Vikar und schließlich in Petrazzi, Gemeinde Castelfiorentino, als Pfarrer seelsorglich gewirkt hat (siehe Anhang 6, S. 212–216).

4 *Höhe von Géryville*: mit „Höhe" oder „Paßhöhe" sind hier natürliche Höhlen zwischen Géryville (siehe oben, S. 22, Anmerkung 9) und El Abiodh gemeint, die die Kleinen Brüder als Klausen für längere oder kürzere Zeiten des Gebets und der stillen Einkehr eingerichtet haben.

5. Februar

Gestern abend ist die Post eingetroffen. Nichts von Belang. Heute morgen bin ich mit der Eingebung aufgestanden, dem Tag den Stempel der Entschlossenheit, der Festigkeit geistlicher Kraft, aufzudrücken. Ich brauche mehr Opfer. Ich muß mich daran gewöhnen, in Verbundenheit mit dem Leiden des Herrn zu leben, muß mich zwingen, mich nicht zu verzetteln: Minute um Minute nutzen, nach allem Ausschau halten, was dazu beiträgt, mich zur Opferhingabe zu befähigen.

Maria, hilf du mir!

Sonntag Septuagesima 1955

Verschiedene Umstände haben mich heute veranlaßt, die „Selbstentäußerung" in die Mitte meines geistlichen Lebens zu rücken. Ich kann nicht umhin, in all dem Betrieb die barmherzige Hand Gottes zu sehen.

Schon in den vergangenen Tagen hatte ich während der Anbetung den Zug zum Kreuz hin gespürt. Heute morgen hat Milad das noch besiegelt, wobei er gewisse theoretische Voraussetzungen umgeworfen, jedoch die *Selbstentäußerung aus Liebe zu Christus* als Angelpunkt jeder weiteren Ordenstätigkeit hingestellt hat. Wenn man sich dem fügt und alles andere wie einen Strahlenkranz um diese Mitte anordnet, wird es leicht sein, endlich das Gleichgewicht zu finden, das ich schon lange gesucht und noch nie gefunden habe.

Die Zeit des Kirchenjahres, die Stimme des Herrn, der Ort, an dem ich mich befinde, die Schule, in die ich eingetreten bin, alles muß mich bei meinem Kampf unterstützen. Maria, die schmerzhafte Mutter, sei meine Fürsprecherin am Thron des Lammes.

8. Februar

Gestern habe ich Brot gebacken. Am Sonntagabend hatte Popol[5] mir unversehens mitgeteilt, ich sei von meinen alten Aufgaben entbunden, um in die „boulangerie"[6] hinüberzuwechseln. Ich habe einen Tag mit Don Arturo verbracht. Aber meine neue Aufgabe dauerte nicht lange. Gestern abend wurde mir mitgeteilt, Milad hätte mich lieber bei den Olivenbäumen. So komme ich wieder in die Sakristei und in den Garten. Gestern habe ich mich über die neue Arbeit gefreut, und heute freue ich mich über die alte. Das ist recht so. Es ist trotzdem ein schöner Tag gewesen, reich an Tröstungen. Doch vielleicht ist es ein Fehler, noch daran zu denken und es niederzuschreiben, da Milad mir sagen würde, das alles spiele keine Rolle. Das Ganze spielt eine Rolle, wenn es von der völligen Selbstentäußerung ausgeht. Aber ich bin im geistlichen Leben noch so klein! Gott, hilf mir.

5 *Popol:* Paul Marnay (1929–1982), Kleiner Bruder, Franzose, bei einem Brandunglück in Mexico City umgekommen. Er hat lange Zeit in Studienfraternitäten gelebt und seine große Gelehrsamkeit und seine gründliche Kenntnis des Hinduismus beigesteuert.

6 *Boulangerie:* Bäckerei. – Aus einem Brief Carlos vom 7. März 1955: „Lieber Papa, heute morgen hat Dein Erstgeborener nach Abschluß seines Universitätsstudiums in Turin, nach Durchlaufen aller Stufen in der Hierarchie der Katholischen Aktion und Tausenden von Vorträgen zum ersten Mal etwas Rechtes getan: Ich habe Brot gebacken. Jawohl, mein Vater, ich habe Brot gebacken, Weißbrot, gut aufgegangene, gut geknetete, ausgebackene, ganz nach Deinem Geschmack knusprige Kilolaibe. Wie Du siehst, . . . man kehrt zu den Anfängen zurück, und während ich naßgeschwitzt und zufrieden vor dem Backofen stand, mußte ich an den Backofen in Camerana denken, dort vor dem Haus, wo Du und Deine Mutter wer weiß wie oft Brot gebacken habt. Liebe Mama, ich hatte Dir meine Abenteuer in der Küche erzählen wollen, aber jetzt . . . sind sie Vergangenheit. Man hat mich zum Bäcker befördert. Als Koch hat man mir nach wenigen Tagen ein gutes Zeugnis ausgestellt – Dein Verdienst –, und ich habe einen Spanier eingewiesen, der vor kurzem gekommen ist. Jetzt könnt Ihr, wenn Ihr Brot eßt, an Euren Bäckersohn denken . . ." (Fondo Carretto/Jesus Caritas).

8. Februar

Wie wackelig sind doch meine Sicherheit und mein Friede! Schon ein Nichts genügt, sie durcheinanderzubringen oder umzuwerfen. Deshalb ist es auch viel besser, alles auf der Entäußerung aufzubauen. Doch wenn man sich in Tröstungen wiegt, mögen sie auch geistlicher Art sein, erlangen wir nie den wahren Frieden. Schon ein Windhauch bringt ihn in Gefahr.

Das Allerheiligste

Über der Welt steht das Gedächtnis des Todes des Herrn: das Allerheiligste. Die stille Hostie, die lebendige Opfergegenwart Christi, ist das immerwährende Fortbestehen des Opfers von Calvaria – die Messe ist das andauernde Opfer des Hohenpriesters –, die Anbetung des Lammes, die Brücke auf der Welt, die lebendige Tür, der Anbeter des Vaters, das Exemplarische schlechthin, das liturgische Zunichtemachen des Geschöpfes vor dem Schöpfer. Sie ist und bleibt das Wichtigste auf der Welt, und es ist seltsam, daß viele Christen das noch nicht entdeckt haben.

Unsere Religion müßte sich um dieses Mysterium drehen, das übrigens ein Kompendium der beiden Hauptgeheimnisse des Glaubens ist: der Einheit und Dreifaltigkeit Gottes und der Menschwerdung und des Leidens Jesu. Wenn wir auf das Allerheiligste schauen, wenn wir das Allerheiligste anbeten, können wir die ganze gott-menschliche Wirklichkeit, die in der Welt enthalten ist, lebendig vor Augen haben. Die Dreifaltigkeit ist zugegen, die Menschwerdung ist sichtbar, das Leiden des Herrn wird verkündet, Gottes Liebe ist greifbar.

Alles ist da in der Hostie zusammengefaßt. Da ist Jesus mit seiner Menschheit, mit seinem Gebet, mit seinem Opfer, da ist der Vater, den Blick auf den Sohn gerichtet, der sich ihm aus Liebe als heiliges Opfer dargebracht hat, da ist der Heilige Geist, da ist die Jungfrau Maria, da sind die Engel.

Das ist der Himmel auf Erden, und es bedarf schon unserer ganzen Gefühllosigkeit und unseres Unglaubens, um zu zeigen, welcher Gleichgültigkeit man Jesus überlassen hat. War es denn nicht der ausdrückliche Wunsch der Menschen, Gott bei sich zu haben? Jetzt geht die Bitte in die umgekehrte Richtung, doch . . .

„Herr, gib uns den Glauben."

Die Juden hatten die Bundeslade und bewahrten in ihr – ein seltsames Zusammentreffen – die Gesetzestafeln und das Manna auf, die Wahrheit und das Leben nach der damaligen Verkündigung.

Salomo hat den Tempel gebaut, und Gott hat die Gnade seiner Gegenwart im Allerheiligsten, im völligen Dunkel des Glaubens, geschenkt. Göttliche Vorstufen des großen Geheimnisses, das das Herzstück des Christentums sein sollte: das Allerheiligste.

Die Gesetzestafeln? Viel zuwenig: wir sollten den Gesetzgeber selbst haben. Das Manna? Viel zuwenig: wir sollten den Gott-Menschen als Speise haben. Bleiben sollte die Dunkelheit des Glaubens wie schon im Dunkel des Tempels, doch das gehört nun einmal zur religiösen Problematik, deren Kern das menschliche Zeugnis ist, dem sich nicht einmal die Gottesmutter entziehen konnte: „Deus absconditus." Eines muß aber noch gesagt werden: Das Allerheiligste ist wie das All, wie das Universum, wie der Mensch nicht nur um des Menschen willen geschaffen, sondern „um der Ehre Gottes willen". Immer geht es um diese beiden Aspekte – die Ehre Gottes und das Heil des Menschen. Wer nur das letztere sähe, brächte sich um die wahre „Frömmigkeit" Christi. Zuerst Gott, dann der Mensch.

Die Schöpfung? „Per ipsum factum est" – „Seinetwegen ist alles geschaffen worden", dann erst für den Menschen.

Die Menschwerdung? Ja, um des Menschen willen, „propter nostram salutem", aber zunächst zur Ehre des Vaters. Jesus wäre – als Priester der Menschheit – auch ohne den Sündenfall gekommen. Er ist der Anbeter des Vaters, er vertritt vor der Majestät des Vaters die ganze Schöpfung.

Und das Allerheiligste? In diesem Geheimnis muß sicher vieles mit dem Vater zu tun haben über die Opferkomponente, die als Erlösungswerk mit der Sünde zu tun hat, hinaus.

Jesus im Allerheiligsten ist die Forsetzung der Menschwerdung, ist die Fortsetzung des vollkommenen Gebetes, das er während seines Erdendaseins nachts an den Vater gerichtet hat.

Was tut Jesus im Allerheiligsten? Darauf können wir antworten: „Er wartet auf den Menschen“, das stimmt, aber zunächst müssen wir sagen: „Er tut, was er in seiner Menschwerdung auf Erden immer getan hat.“

Wie unendlich kostbar ist diese Anbetung! Wie gewaltig ist diese verborgene Gegenwart! Wie erhaben ist der Hymnus der Liebe, der sich aus diesem lebensträchtigen Zunichtewerden zum Vater erhebt! O priesterliches, immerwährendes, gültiges Opfer all dessen, was der Mensch ist, vom Gott-Menschen dargebracht! O Mitte des Universums, in der Menschheit Christi zugegen, Stimme, die alle Stimmen der Welt vertritt, heiliges Gebet aller Gebete!

Jesus im Allerheiligsten ist der Anbeter des Vaters.

Und als Sühne für die Sünden? Es ist der Geopferte – ist das Lamm, ist der zunichte Gemachte – es ist das Gedächtnis des Todes des Herrn – es ist das Kompendium aller Schmerzen, aller Tränen, aller Einwilligung, es ist das, was Ruhe schafft. In ihm sind Gerechtigkeit und Friede zusammengetroffen.

Welche Unruhe, welche Härte, welcher Unglaube, sich vom Allerheiligsten abzuwenden, nicht an das Allerheiligste zu denken, nicht aus dem Allerheiligsten zu leben. Hier liegt heute die größte Schwäche des Christentums oder, wenigstens, der Christen. Hier liegt der Punkt, an dem man morgen den Hebel ansetzen muß. Länder, die dem Geheimnis des Allerheiligsten fern sind, Städte voller Betriebsamkeit, in denen man Jesus links liegenläßt ohne den Glauben, der ihn entdekken könnte, Seelsorge ohne ihn, Gebete ohne diesen Fürsprecher, jemand, der leidet, ohne den, der das Leid Gott weiht. Was nutzt unser Tun, wenn es nicht von Ihm vor den Vater gebracht wird? Was nutzt unser Reden, wenn es nicht mit seiner Stimme geschieht? Unser Beten ohne jenes lebendige Beten?

Gott, gib mir einen großen Glauben an das Allerheiligste!

12. Februar

Wie Mose das Gesetz ist, so ist Elija das Prophetentum. Es ist interessant, die Weisen, auf die sich Gott den beiden Großen des Alten Bundes offenbart hat, nebeneinanderzustellen.

An Mose ist Gottes Offenbarung in einem gewaltigen und mächtigen Sturm ergangen, an Elija im sanften Wehen einer leichten Brise. Der erstere sollte das Volk zu Festigkeit und Furcht erziehen, der letztere zu Milde und Erbarmen. Bundeszeuge war in beiden Fällen derselbe Berg: der Horeb.

17. Februar

Gestern hatte ich während der Anbetung eine Inspiration, nämlich: mich immer mit dem Weg der Schmach, der Verborgenheit und der Demut zu bescheiden. Nicht auf Beleidigungen zu reagieren, das Böse mit dem Guten zu überwinden. Kurz, „dieselbe Gesinnung zu haben wie Jesus, der . . ." (Phil 2,5). Inzwischen habe ich Milad die goldene Uhr gegeben.

18. Februar

Bei der Abtötung können wir drei Etappen unterscheiden: Die erste macht uns frei und liegt im Vorfeld des Evangeliums. Sie ist die Umkehr, die Johannes gepredigt und auf die Jesus hingewiesen hat: „Wenn ihr euch nicht bekehrt, werdet ihr alle umkommen" (Lk 13,3). Die zweite ist die, die uns die Bergpredigt nahelegt und durch und durch Liebe und Friede ist. Die dritte ist das Begreifen und das Teilen des erlösenden Leidens Jesu. Diese dritte Etappe krönt das Leben und ist immer eine Gnade des Herrn. Kurz gesagt:

„Kehrt um! Denn das Himmelreich ist nahe" (Mt 4,17).

„Selig, die arm sind ... denn ..." (Mt 5,3).

„... wenn ihr um meinetwillen beschimpft und verfolgt und auf alle mögliche Weise verleumdet werdet" (Mt 5,11).

21. Februar

Die Khaloua[7] sollte heute morgen aufbrechen, aber die Verspätung der Kamele führte zu einem Aufschub. Jetzt sind alle gespannt. Gestern abend hat Milad über das Leid gesprochen und, wie gewöhnlich, gute Gedanken zu den Aussagen Jesu über seinen Tod vorgetragen, Aussagen, die damals seinen engsten Freunden und ... auch später den Christen unbegreiflich waren. Das Leid bleibt ein Rätsel, mit dem wir uns abfinden müssen, wenn wir etwas von Christus begreifen wollen. Wie viele versuchen, ihm aus dem Weg zu gehen, aber vergebens. Ganz sicher liegt der Schlüssel zum Rätsel des Lei-

7 *Khaloua*: eine Fußwallfahrt von etwa 500 km, die die Novizen jeden Februar von El Abiodh nach Béni Abbès (siehe Anm. 2) mit Tagesetappen von 25–40 km in zwanzig Tagen durchführten. Begleitet wurden sie von einem arabischen Führer und einigen Kamelen, die das große Zelt und den Proviant trugen. Der Aufbruch war für das Morgengrauen festgesetzt, nach der Eucharistiefeier und einem einfachen Frühstück mit sandgebakkenem Brot („kesra"), während auf dem Marsch, den man vormittags in tiefem Schweigen zurücklegte, ein paar Datteln zur Stärkung dienten. Ganz kurze Mittagspause für ein bescheidenes Mahl, und weiter ging es bis zum Sonnenuntergang. Aufbau des großen Zeltes, Suche nach Holz und Reisern für das Feuer, Zubereitung des Abendessens („couscous"), Vesper, Komplet, Nachtruhe. Dieser lange Fußmarsch war eine der anstrengendsten Aufgaben aus der Noviziatszeit; seinen Abschluß bildeten etwa zehn Tage in der Einsiedelei Charles de Foucaulds in Béni Abbès. Zurück fuhr man mit dem Lastwagen auf der Auto-Piste über Béchar, Béni-Ounif und Ain Sefra.

des wie für so viele andere Rätsel in der Liebe, aber auch die Liebe bleibt in sich ein Rätsel.

25. Februar

Das Noviziat ist leer geworden. Fünfundzwanzig seiner Insassen sind unterwegs nach Béni Abbès[8] und kommen erst gegen Ende März zurück. Ich habe sie bis zum Morgengrauen der zweiten Etappe begleitet und bei ihnen im Zelt übernachtet. Danach bin ich nach El Abiodh zurückgekehrt[9]. Ich möchte diesen Monat, der mir nun größere Eingezogenheit gestattet, nutzbringend verwenden. Gott möge mir helfen!

Auf dem Rückweg dachte ich gestern über den ersten Platz nach, nach dem es uns von Natur aus drängt. Dabei kam ich zu einem ganz klaren Ergebnis: „Es ist der letzte, der dessen, der dient." Jesus ist es, der das mit Nachdruck gesagt hat, und er kann sich nicht irren. Herr, hilf mir, ihn zu erlangen.

Erster Fastensonntag

Jetzt ist der geeignete Augenblick gekommen, gründlicher ans Werk zu gehen. Mein Gesundheitszustand, die Anforderungen des Noviziats, die Zeit, die bald drängt, alles muß mir den besonderen Ernst des Lebens bewußtmachen.

Vor allem aber muß ich mir nach den Schwierigkeiten, die

8 *Béni Abbès*: algerische Oase mit Tausenden von Palmen, Obstbäumen und Wasser in Fülle. Hier hat Charles de Foucauld 1901 seine erste Fraternität eröffnet. Die Klause und die Kapelle, 1935 restauriert, sind noch von den Kleinen Schwestern Jesu bewohnt. In der Oase gibt es auch eine Niederlassung der Kleinen Brüder vom Evangelium. Hier in Béni Abbès haben sich außerdem im November 1955 die verschiedenen, mit dem Namen Charles de Foucaulds verbundenen Fraternitäten zur *Association Charles de Jésus* (P. de Foucauld) zusammengeschlossen, um in der Vielfalt ihrer Ausrichtungen untereinander eine feste Einheit zu verwirklichen. Vgl. *Jesus Caritas*, Nr. 20, 1985.

9 Carlo konnte die Wahlfahrt nicht fortsetzen, weil eine hämorrhoidale Entzündung sich wieder eingestellt hatte.

ich vor ein paar Tagen in den mitbrüderlichen Beziehungen hatte, einige Lehren Jesu mit Nachdruck einprägen.

Das Böse besiegt man mit dem Guten. Wenn Antipathie dich packt, wenn du etwas auszustehen hast, wenn man dir Unrecht tut, gibt es nur einen Weg: den Weg Jesu. Nie und nimmer darfst du dem Verfolgungswahn verfallen, der dir ja wohlbekannt ist, weil du ihn bei einem Menschen auszustehen gehabt hast, an den du dich noch gut erinnerst. *Sei großherzig, großzügig, über Kleinigkeiten erhaben,* die sich in geschlossenen Gruppen tödlich auswirken. Sodann mußt du die Fastenzeit zu Bußwerken nutzen. An Gelegenheiten wird es dir nicht fehlen, besonders, was das Essen angeht.

Nachdem das gesagt ist, kommen wir zum Eigentlichen. Jede, auch die strengste, Regel kann, wenn man sie sich nicht liebevoll und ihrer tiefsten Bedeutung nach zu eigen macht, zur größten Torheit werden. Das gilt zumal bei der Armut. Wenn man alles weggegeben hat, kann man immer noch an einem Lumpen, einer Nadel, einer Decke hängen und gieriger und geiziger sein als zuvor. Gegen den Geist der Habgier, des Egoismus und der Raffgier zu kämpfen ist schrecklich, weil wir es mit einer Natur wie der unseren zu tun haben, die ernstlich geschädigt ist. Ich werde mich radikal einsetzen müssen, zumal in den Kleinigkeiten, und mich vielleicht meiner sogenannten Ordnung begeben müssen, in der sich oft mein Egoismus einnistet. Früher hing ich an einer Hose, die ich aus Rom mitgebracht hatte. Zufällig versuche ich es mit einer anderen, und schon hänge ich an ihr. Ich hole mir eine Garnrolle, Isolierband, eine Schere, und schon wieder hänge ich versklavt an diesem Schatz. Sich von allem freizumachen, nur das zu nehmen, was zugeteilt wird, unter keinem Vorwand etwas festzuhalten, woran man sein Herz hängt, das muß die tägliche Gymnastik sein. Auch an meinem Aufenthaltsort hänge ich, da ich mich so gut einleben kann!

Herr, hilf mir, rege mich zum Guten an, weise mich zurecht: ich möchte mein Ziel erreichen. Es wäre ein Jammer, hierhin gekommen zu sein und all das nicht gelernt zu haben! Also noch einmal kurz und bündig: 1) *Nichts als Privatbesitz behalten;* 2) *nichts an sich nehmen,* zumal nicht in der Küche, was angesichts deiner Stellung und deiner Gerissenheit so schwer nicht wäre.

28. Februar

16.15 Uhr bis 17.15 Uhr. Anbetungsstunde. Vielleicht habe ich zum ersten Mal mit Gott gekämpft. Wie lieb ist doch der Herr! *Hab Glauben,* hat er mir gesagt. Sei treu. Suche mich, und du wirst mich finden! Dein Weg ist der Weg der Einfalt und der Liebe. Bekämpfe alles andere. Hüte dich davor, Zuflucht bei dir selbst zu suchen, hüte dich vor Egozentrik und Verfolgungswahn. Dann hat er mir gesagt: „Ich möchte mich mit dir vereinen" – ich befand mich bei der Kommunion in meiner Abendmesse: „Mein Gott, ich liebe dich, ich liebe dich", habe ich geantwortet. Bei der Epistel habe ich über die Erzählung vom Verkauf Josefs durch seine Brüder (Gen 37) meditiert.

2. März

Während der heiligen Messe ist mir etwas aufgegangen, das ich mir notieren muß. Warum all die Schwierigkeiten in den menschlichen Beziehungen, selbst wenn es nur um Kleinigkeiten geht? Warum all die Antipathie, das Verfolgungsdenken, die Traurigkeit usw. usw.? Weil wir uns nicht wie Jesus den letzten Platz ausgesucht haben.

Das ist der Grundfehler, aus dem sich all die Komplikationen und Mißstimmungen ergeben.

Ich habe den Herrn inständig gebeten – ich habe festgestellt, daß mein Beten mutiger und durchdringender sein muß –, mir zu gewähren, was übrigens die Gesinnung Jesu ist, der, „obwohl er . . ."

Welch eine Schande, daß du Rechte geltend machst,

während Jesus sie nicht geltend macht und schweigt und es hinnimmt, daß man ihn schlägt!

Er hätte ja das Recht, zu schreien, dreinzuschlagen, sich den ersten Platz zu suchen. Du aber?

Wie recht hatte Milad, daß der schnellste Weg bei der „Selbstentäußerung" beginnt! Das ist doch eine echt christliche Haltung!

Noch ein Gedanke von heute: Triff deine Entscheidungen vor Gott und nicht vor dir selbst. Einverstanden? Dann machst du nicht soviel Unsinn!

Warum geht es in der Kirche so langsam voran? Ist Gott daran schuld, weil er knauserig wäre, oder sind es die Menschen? Die Kirche ist doch in ihrer Entwicklung den Menschen anvertraut worden, und sie sind es auch, die sie tragen. Aber warum die Langsamkeit, die Verzögerungen, das Übel? Dafür gibt es nur einen einzigen Grund: Sie arbeiten nicht mit Ihm zusammen. Sie arbeiten jeder für sich, und die Ergebnisse sind ihrer Beschränktheit würdig. Es ist immer wieder die Geschichte von der Leitung und vom Strom. Leitungen sind vorhanden, in Hülle und Fülle! Aber Strom? Welch ein Pech!

Gott hat sich den Händen des Menschen ausgeliefert, und der Mensch bedient sich seiner nicht, sucht ihn nicht. Da liegt der Grund für soviel persönliches und kollektives Versagen.

4. März

Von heute an bin ich für meine Absichten tot. Ich mache mir die Absichten Jesu zu eigen. Was ich von nun an tue, tue ich, nachdem ich mich im Gebet darum bemüht habe, aus Liebe zu ihm. Mir kommt es vor, als habe ich eine Ansicht ganz in ihr Gegenteil verkehrt. Übrigens, was nützt es, die Welt zu gewinnen und Jesus zu mißfallen? Warum diese unnütze Aufregung? Für wen? Wozu? Was für ein Holzweg für die christlichen . . . Apostel! Ich möchte die Liebe Jesu, alles andere aber als Beigabe. Ich möchte ihm den Platz an der Spitze einräumen und nicht selbst ihm vorausgehen! Herr, vergib mir meinen Stolz, aufgrund dessen ich dir fast immer vorausmarschiert bin in dem Glauben, etwas zu schaffen. Was habe ich geschafft? Fehler, Fehler, Fehler! Unnütze Dinge, Hirngespinste: viel Lärm um nichts.

Verzeihung, Jesus. Fixiere diese Gedanken in meiner Seele, damit sie lebendige Gestalt annehmen. *Ich habe nicht vor, je noch einmal eine andere Haltung einzunehmen.*

Blättern wir einmal die Bibel durch zur Bestätigung dessen, daß tatsächlich Gott am Werk gewesen ist.

Abraham: seine Erwählung – sein Wanderleben – die Prüfung – die Verheißung – kurz, seine Berufung, wer hat sie geplant?

Josef? Ägypten – die Hungersnot – das Anwachsen des Gottesvolkes in der Fremde?

Mose? Den Heldengesang der Menschheit – die Vorbereitung – das Land der Verheißung – das Manna, das Wasser aus dem Felsen – wer?

Die ganze Dynamik des Alten Testamentes auf Christus hin, wer lenkt sie? Der Mensch oder Gott? „Geh", spricht der Herr, „du wirst finden!" – „Sprich!" – „Sag!" So ist es immer, und die Reihenfolge ändern zu wollen hieße, die Frucht der Heilsgeschichte zu verfälschen. Maria? Ist sie die Handelnde, oder ist sie die „Magd" des Herrn? Besitzt sie den Plan Gottes, oder ist es Gott, der sie leitet? Josef? Geh – kehr zurück – tu.

So geht es immer.

Gottes Entwurf

Die Schöpfung ist ganz Gottes Werk: „Factorem coeli et terrae" – „Schöpfer des Himmels und der Erde." Der Mensch? Gott wird zu Ijob sprechen: „Wo warst du, als ich die Erde gegründet? Sag es denn, wenn du Bescheid weißt. Wer setzte ihre Maße?" (Ijob 38,4 f.).

Gott wollte den Menschen aber auch in das Schöpfungswerk eingliedern und hat ihn gleichsam dazu bestimmt, der Natur mit seiner Arbeit beizustehen.

Der Mensch ergänzt durch seine Tätigkeit die Schöpfung, und niemand kann den Unterschied zwischen einem Weinberg und einem Gestrüpp verkennen.

Die Erlösung ist ganz Gottes Werk: ihre Planung, ihre Vorbereitung, ihre Durchführung. Der Mensch hat tief im Abgrund solch einen Plan nicht einmal erträumen können. Auch hier will Gottes Ratschluß den Menschen bei seinem Erlösungswerk mittun lassen, so daß wir uns auf demselben Gebiet betätigen können: Wir sind berufen, Seelen zu retten, d. h., sie der Erlösung teilhaft zu machen. Und hier ist das Geheimnis der Kirche. Auf wen geht sie zurück, wer hat sie entworfen? Welcher Mittel und Wege bedient sie sich? Zeigen wir es an einem Beispiel: Es war einmal ein Garten in der Wüste, der Mensch vor dem Sündenfall.

Der Lauf der Jahrhunderte, mangelnde Pflege und Eindringlinge haben ihn verwüstet. Jetzt ist er ein Stück Wüste (die Sünde). Wie kommt Gottes Entwurf, der den Menschen einplant, zum Zuge? (Die Kirche?)

Wer hingeht, zur Hacke greift und arbeitet, ist sicher der Mensch. Ohne diese Arbeit kommt der ursprüngliche Garten nicht mehr zum Vorschein. Worin aber besteht der Unterschied? Darin, daß das Grundwasser heute wieder da ist, weil Gott es wieder hat strömen lassen. Aufgabe des Menschen ist es, es an die Oberfläche zu fördern, Kanäle anzulegen, zu hakken, zu säen und zu pflanzen.

Ist der Mensch aber frei, nach eigenem Plan vorzugehen? Nein, denn sein Plan muß sich nach den Gesetzen richten, die für ihn und für den Garten gelten: die Jahreszeiten, die Beschaffenheit des Saatguts, das Wasser, die Sonne usw. Hier liegt der Irrtum des Menschen: Er vergißt diese Gesetze und arbeitet ohne Rücksicht auf sie. Er baut Kanäle, Kanäle an der Oberfläche, und geht nicht zu den Wasservorkommen (Aktivismus), er arbeitet im Schweiße seines Angesichts, ohne die Bedingungen zu beachten, von denen er abhängig ist.

Das sind genau die Fehler, die ich in meinem Leben im Übermaß begangen habe! An der Oberfläche zu arbeiten, ganz nach eigenem Entwurf und . . . ohne mich um Wasser zu bemühen oder um die Sonne zu kümmern. In der Wüste – und die Welt ist eine riesige Wüste – ist das Wasser für den Garten alles. Es ist das „sine qua non", die Grundvoraussetzung. Hat Jesus doch gesagt: „Ohne mich könnt ihr nichts tun" (Joh 15,5).

Was dann selbst die Aufstellung des Planes (Entwurf) *angeht, ist es nicht viel richtiger, gesünder, demütiger, wahrhaftiger, wertvoller, sich an den zu wenden, der den Garten schon früher gekannt hat, da er ihn angelegt und lange bestellt hat, weil er in Wirklichkeit der Gärtner ist?* Nicht nur das, er hat ihn mit seinem Blut zurückerworben.

Genau hier wirkt sich der Mangel an Glauben aus: Sich nicht um ihn scheren – ihn nicht hören, ihn nicht sehen – ihn nicht achten und nicht suchen.

Gott, mein Gott, vergib mir meine ungläubige Vergangenheit! Gib mir künftig einen großen Glauben. *Glaube, Glaube, Glaube*: d. h.: Gott sehen, der die Welt erfüllt.

6. März

Heute abend habe ich nach der Komplet in der Kapelle zum ersten Mal begriffen, daß „Gott die Initiative zu überlassen" auch und vielleicht an erster Stelle das Gebet betrifft. Sei einen Augenblick still – versetze dich in seine Gegenwart – gewöhne dir an, zuzuhören. Einverstanden? Vor allem, ändere deine Einstellung. Geh hin, um etwas zu empfangen, um zuzuhören, und nicht nur um etwas zu geben und zu sagen.

Was sodann die Versuchung betrifft, aus Strebertum auf die Fehler und Sünden der anderen zu achten – eine Versuchung, die mir in diesen Tagen nicht wenig zu schaffen gemacht hat –, schlage ich das Leben der heiligen Teresa auf und finde dort die Antwort kurz und bündig (Kap. XIII, Abschnitt 10). Bedient!

10.–18. März

„Sommerfrische" im Krankenhaus von Mascara[10]. Beherzigenswert: Wir sehen im Schmerz eine Störung unserer Arbeit oder unseres Betens, unserer Verbindung mit Gott. So ertragen wir ihn schlecht. Ich muß lernen, in ihm Arbeit, Gebet und Verbindung mit Gott zu sehen. Vielleicht lerne ich dann, ihn besser zu ertragen. Ein Genuß, diese Stunde: Die Bedeutung des Buches Kohelet geht mir auf. Das war das erste Mal. Ich komme zu dem Schluß: Ein großartiges Buch – es paßt als Zwilling gut zum Buch Ijob, natürlich im entgegengesetzten Sinn.

19. März: St. Josef

Dieses Jahr als *besonderes, ganz besonderes, unübertreffliches Geschenk*: die große Persönlichkeit, die zur Heiligen Familie gehört. Josef ist etwas Unbeschreibliches gewesen. Ich glaube, daß er endgültig in mein Leben getreten ist, und ich in das seine. Abgesehen von dem, was Er bei meiner Berufung zum liebenden Verehrer der Familie von Nazaret sein kann, war es etwas Personhaftes, das ich nicht mehr vergessen werde. Wie nie zuvor habe ich begriffen, was es heißt, mit meinem Glauben *an eine Person zu glauben.*

10 *Mascara*, algerisches Städtchen, 600 m hoch gelegen, wichtiges Landwirtschafts- und Gewerbezentrum, bekannt durch Schuhmanufaktur und Weinbau. Carlo wird wegen hämorrhoidaler Beschwerden ins Krankenhaus eingewiesen.

2. April 1955

Heute werde ich fünfundvierzig Jahre alt. Die Gaben, deren Strom nicht abreißt, sind heute eine Ergänzung zum Fest des heiligen Josef gewesen. Ein wahrhaft ganz besonderer Tag schon seit der Vesper des Vorabends.

Ich habe um die Gabe eines ausgeglichenen Glaubenslebens gebetet, ohne die dauernden ruckartigen Sprünge eines rein natürlichen und nur hier und da vom Glauben erleuchteten Lebens. Und da der Glaube allein nichts zählen würde, hat meine Erhörung in dem Drang bestanden, ununterbrochen aus der Liebe zu leben. Unbeschreibliche Anbetungsstunde in der vorigen Nacht wie auch am Nachmittag.

3. April

Der Platz der Liebe ist der letzte Platz. Das ist die Offenbarung des heutigen Tages. Wie habe ich diese Jesus-Wirklichkeit nachvollzogen. Er hat wahrhaftig den letzten Platz gefunden. Auch ich muß den letzten Platz suchen. Wenn ich ihn gefunden habe, ist wirklich der Friede da.

Palmsonntag

Welch ein Trost heute, und wie habe ich Jesus mit dem Palmzweig meines Glaubens zugewedelt!

Ich habe den Eindruck, daß mein Noviziat in die Aufbauphase eingetreten ist: Glaube und Liebe. Ich verbringe unendlich innige Gnadenstunden. Gott ist wirklich die Liebe! Von nun an will ich keinen Augenblick mehr leben, ohne ihn in das Licht des Glaubens zu stellen, nichts mehr tun, ohne es vom Glauben überwachen zu lassen, kein Wort mehr sagen, ohne es im Licht des Glaubens abzuwägen. So habe ich, wie mir scheint, endlich meine Einheit wiedergefunden.

Jesus hat mir heute morgen gesagt, daß er mich liebe.

Montag in der Karwoche

Das ist es, worum es letztlich geht: Brot und Wein zu werden. Brot, um Leben zu schenken, Wein, um Freude zu schenken. Jesus ist Brot und Wein geworden und hat dann gesagt: das ist mein Leib, das ist mein Blut; er hat sich essen lassen und hat die unvergleichliche Freude der Liebe und des Heils gebracht. Ich habe um die Gnade gebeten, noch vor meinem Tod ebenfalls die Gesinnung Jesu im Herzen zu haben, um diese Worte als Ausdruck meiner unbedingten Hingabe aussprechen zu dürfen. Jesus hat mir in seiner Antwort fest versprochen, sie mir zu gewähren.

Heute abend nach der Anbetung habe ich mir die Blumen angeschaut, die den Olivenhain erobert haben und übersäen. Sie waren wirklich ein Bild gesegneter Fruchtbarkeit. Dabei ist mir eine Bibelstelle eingefallen: „Sollte ich, der ich die Dinge und die Menschen fruchtbar mache, nicht fruchtbar sein? Ich, der ich euch die Zeugungskraft gegeben habe, nicht in der Lage sein, zu zeugen?" (Lev 26,9).

Ein mächtiger Aufschrei der Liebe! Oh, könnte ich doch die Fruchtbarkeit meines Gottes nutzen! In Liebe zu ihm hingehen, um mich im Geist, in Heiligkeit und in der Seele zeugen zu lassen! Ich werde aus Stein Kinder Abrahams hervorbringen können. Wäre ich doch so weich wie Stein, Jesus würde dann Kinder entstehen lassen.

Ostern

Im Schweigen. Ich weiß nicht, warum der Herr in diesen Tagen geschwiegen hat. Daß ihm etwas mißfällt, ist sicher, aber ich kann die entscheidenden Gründe dafür nicht finden. Das ist übrigens recht so: Man kann nicht so tun, als wisse man alles.

Die Trockenheit, die meine Seele in den Ostertagen empfunden hat, ist mit einem Gedanken aus Milads Unterricht unverhofft zu Ende gegangen. Jesus ist *immer* Erlöser. Es heißt in der Schrift: „Alle Menschen kommen zu dir, Herr, unter der Last ihrer Sünden" (Ps 65,3 f.). Und Jesus ist es, der Tag für Tag von dieser Last befreit. Die Juden waren mit dieser göttlichen Großzügigkeit nicht einverstanden. Sie beriefen sich auf das Gesetz, waren darauf angewiesen, zu hören, daß sie sich selbst mit den Werken befreiten. Übrigens ist es nicht leicht, die ganze Fülle der Gnade anzunehmen, ohne das Bedürfnis einer Wiedergutmachung zu verspüren. Einzig die Liebe und das Kindsein im Geist befähigen uns dazu, uns beschenken zu lassen, ohne etwas wiedergutmachen zu wollen. *Das kann nur ein Kind, da es weiß, daß es nichts hat und nichts ist. Es freut sich wirklich über die Gabe und macht sich keine Gedanken.*

Herr, laß mich klein werden angesichts deiner unermeßlich großen Gabe.

23. April

Wenn ich so recht zum Beten aufgelegt bin, meldet sich immer wieder beharrlich der Gedanke, daß *es Sache des Herrn ist, die Dinge zu lenken.* Wie stolz sind wir doch, wenn es uns so leichtfällt, die Dinge in dem Glauben, selbst alles zu können, auf den Kopf zu stellen und ihren Gang zu lenken, und wenn es uns so schwerfällt, zuzugeben, daß es sich in Wirklichkeit ganz anders verhält. Hier muß ich mich noch sehr mit Akten des Glaubens bemühen. Ich muß zur Braut werden. Eine Braut spielt nicht die führende Rolle, sie läßt sich führen. Sie lebt aus dem Denken des Bräutigams. Er ist da zuständig.

Selbst wenn es nicht genau so wäre, welcher Gott sähe sich nicht aufgerufen, solch eine Haltung zu belohnen, die doch die höchste Anerkennung seiner Allmacht und das herrlichste Zeugnis dafür ist, daß sein Geschöpf ihn liebt?

Das ist also die Richtung, in die ich bauen muß, indem ich mir den Gedanken zu eigen mache, daß Er es tun, daß Er den Weg weisen, daß Er rufen, daß Er zeigen, daß Er Fruchtbarkeit schenken wird. Er, einzig Er, und ich so klein wie möglich, so gefügig wie möglich und so überflüssig wie möglich.

27. April

Hochfest des heiligen Josef.

Sei gegrüßt, Josef, voll der Gnade – der Herr ist mit dir. Du bist gebenedeit unter den Männern, und gebenedeit ist der dir anvertraute Sohn – Jesus – heiliger Josef, Hüter Gottes, bitte für uns Sünder jetzt und in der Stunde unseres Todes. Amen.

Wenn der erste Josef oder Sohn Jakobs in seinem Glauben auf die Probe gestellt worden ist, um wieviel mehr ist der große Josef auf die Probe gestellt worden, da er von Gott zu einer Aufgabe ausersehen worden ist, die ein so tiefes, zartes und ungeheuerliches Geheimnis war.

Die Jungfräulichkeit Mariens zu wahren und sie im Licht eines Glaubensgeheimnisses zu akzeptieren, bleibt für ihn etwas so Gewaltiges, daß jeder Gläubige schon beim Gedanken daran erzittert.

28. April

Ich muß bis in die kleinsten Einzelheiten gewissenhaft mein Novizenleben führen. Ich muß aus all den Kleinigkeiten die Größe der Armut, der Keuschheit und, vor allem, des Gehorsams hervortreten lassen. Der heilige Josef möge mir helfen.

30. April

Heilige Katharina von Siena. Heute abend habe ich mich bei der Anbetung auf einen Pakt eingelassen: keinen Wein mehr zu trinken. Die besondere Erleuchtung auf das Wort anwenden: „Wenn eure Gerechtigkeit nicht größer ist als die der Schriftgelehrten" (Mt 5,20).

Möchtest du ein schönes Programm? Hier ist eins: „Quae placita sunt semper" – „Immer das, was ihm gefällt" (Joh 8,29). Versuch's.

2. Mai

Das Ich anbeten,
das Gute vereiteln,
sich für ausschlaggebend halten.
Jesus sagt dazu: du sollst den Herrn anbeten und ihm allein dienen. Wenn eure Gerechtigkeit nicht größer ist . . .
„Sine me nihil potestis" – „Ohne mich könnt ihr nichts" (Joh 15,5).

3. Mai

Mit Gott im Bunde zu stehen könnte den größten Stolz des Menschen ausmachen. Deshalb verdient man sich diese Bundesgenossenschaft auch nur im Dunkel des Glaubens. Das gilt auch für den Besitz der Allmacht Gottes. Nur der besitzt sie, der sich ihrer nicht für sich bedient und sich von allem gelöst hat. Ebenso für die Ehre. Nur wer sie aus Demut ablehnt, kann sie erlangen.

5. Mai

Heute abend hatte ich während der Anbetung eine der klaren Erleuchtungen, die einzig und allein von oben kommen können. Gottes Handlungsweise. Das Wirkprinzip des verborgenen Gottes gleicht sehr dem des Lebens Jesu in Nazaret.

Auch das Allerheiligste ist ein lautloses Nazaret. Nicht nur Jesus lebte und lebt sein verborgenes Leben, sondern auch der Vater und der Geist.

Seine Offenbarung geschieht wirklich nicht im Gewittersturm, sondern in dem sanften Säuseln, das Elija wahrgenommen hat. All dies, um nicht zu erdrücken; um die Freiheit zu achten, um nicht zu tyrannisieren.

Wie anders ist unsere Handlungsweise! Welch ein Umtrieb, was für ein Lärm, welch unpassendes Auftreten! Hieraus entsteht der unangebrachte und abstoßende Klerikalismus, hieraus der weltliche Geltungsanspruch, der Imperialismus, der Messianismus.

7. Mai

Die praktische Ausführung läßt auf das Denken zurückschließen, sie ist seine Bestätigung. Für Gott ist das nicht so, weil Denken und Wollen bei ihm zusammenfallen. „Das ist mein Leib", sagt Jesus, und seine Passion ist lebendige Wirklichkeit.

Für uns ist das anders, und deshalb müssen wir die Ausführung als Nachweis für den Glauben ansehen. Nur die Wünsche, die man in die Tat umsetzen kann, zählen im geistlichen Leben. Andernfalls spricht der Herr: „Nicht wer sagt: Herr! Herr! . . ." (Mt 7,21).

Tun. Hier muß die Gewissenserforschung ansetzen. Besonders Typen wie ich geben sich gewöhnlich der Täuschung hin, Wunschdenken für Wirklichkeit zu halten, sich darin zu gefallen und . . . ihres Weges zu gehen. Nachher ist man dort angelangt, wo man angefangen hat, und mit einer noch tieferen Traurigkeit. „Zwischen Sagen und Tun"[11], heißt es im Sprichwort, und das gilt auch für das geistliche Leben.

11 „liegt das weite Meer", lautet das vollständige Sprichwort (Anm. d. Übs.).

9. Mai

Marta und Maria (Lk 10,38 ff.).

Marta die Sorge, Maria das Gebet. Der Weg, den sie eingeschlagen hat, ist einfach, aber richtig und der Mühe wert: Gott in eigener Sache sprechen zu hören.

Zu oft ist das Gebet eine Hinwendung zum eigenen Ich: Großartig ist es, sich zu vergessen – einzig an Gott in sich zu denken.

15. Mai

Die Tage reihen sich aneinander, die Wochen an die Wochen, und fliegen dahin wie Jahreszeiten, die man intensiv erlebt. Daran sieht man am besten, daß es im natürlichen und noch mehr im übernatürlichen Bereich gutgeht.

Die Welt von gestern scheint mir immer ferner und ohne Verlockungen zu sein, und erst gestern habe ich mich beim Nachdenken über ein etwaiges Zukunftsziel in Vorstellungen von einer einsamen Klause gewiegt, in der man einzig für Gott dasein könnte.

Dein Reich komme – Das Gottesreich ist das Reich, in dem das Wahre, das Gute und das Schöne herrschen. Alles, was gut, harmonisch und wahrhaftig ist, gehört zum Gottesreich.

Dein Wille geschehe – Was kann Gott wollen, wenn nicht das Gute, und das mit einer Intensität und Kraft, die nichts anderes als seine Heiligkeit sind? Was ist denn die Heiligkeit anders als das Verlangen nach dem Guten?

Die Menschen reinen Herzens,
die Friedenstifter,
die Barmherzigen,
die nach Gerechtigkeit Dürstenden,
die Armen vor Gott,
die unschuldig Verfolgten,
wer sind sie anders als die, die sich für das Gute, das Wahre und das Schöne entschieden haben? Sie gehören dem Reich an.

Die Zerstreuungen, die Treulosigkeiten, die Gleichgültigkeit beeinträchtigen nicht die große Tatsache, die für uns der Grund solcher Hoffnung ist: Jesus ist nach seiner Auferstehung zum Himmel aufgefahren.

Die Erstlingsfrucht der ganzen Schöpfung ist das menschgewordene Wort. Jesus, der Sohn Gottes, ist zum Himmel emporgestiegen und hat seine Gottheit und seine Menschheit mitgenommen.

Das ist in der Geschichte Gottes ein völlig neues Faktum. Der Menschensohn geht ein in die Herrlichkeit. Auch in uns steckt dieses Ur-Verlangen: die Herrlichkeit. Und Er wird sie uns schenken, wenn wir seinem Sohn treu bleiben. Nach ihm, nach Maria, werden auch wir verherrlicht, ausgesöhnt, neugeschaffen und auferweckt werden.

Welch gewaltige Gabe! Wie kommt sie doch dem Bedürfnis der menschlichen Natur entgegen, die von Gott schon auf dieses gewaltige Schicksal hin erschaffen worden ist!

Nazaret. Welche Lehre erteilt uns Gott im Geheimnis von Nazaret? Schauen wir uns den Sachverhalt an sich an. Das menschgewordene Wort führt dreißig Jahre lang ein Leben, das man nicht alltäglicher nennen könnte. Seinerseits geschieht nichts, um Abwechslung ins Geschehen zu bringen oder etwas zu verändern.

Was besagt das? Es besagt, daß alles, was man im menschlichen Leben tut, die Möglichkeit höchster Vollendung in sich schließt. Wenn der Gottmensch mittels seines Alltagslebens die absolute Vollkommenheit seines geistlichen Lebens zum Ausdruck bringen konnte, besagt das, daß jedes menschliche Tun, das unbedeutendste und das gewohnheitsmäßigste, die Verfügbarkeit für eine uneingeschränkte Hingabe an Gott in sich einschließt. Das ist sehr wichtig für uns mit unserer liebgewordenen Vorstellung, nur die außerordentlichen Ereignisse seien von Belang, für uns in unserem Stolz und unserem dauernden Streben nach dem Außergewöhnlichen im Leben.

24. Mai

Die Zusammenfassung unseres ganzen Lebens kann man mit dem schönen Titel *Bankrott* überschreiben, und das ist etwas ganz anderes als die Überschrift, die sie tragen müßte: *Armut.* Beides läuft letztlich auf dasselbe hinaus, aber ... wie verschieden ist die Einstellung! Wieviel Bitterkeit könnte man sich sparen!

Daß wir arm sind, stimmt, aber es ist etwas anderes, diese Armut freudig hinzunehmen (Seligpreisung), als sich für reich zu halten und die eigene Armut auf dem Weg über das harte Schicksal der Bankrotte zu entdecken. Bei mir ist es so gewesen, und von Bankrott zu Bankrott bin ich bis zum heutigen Tag gekommen, dem 24. Mai 1955. Es ist die Anmaßung, die mit uns ihr Spiel getrieben hat, auch ihre harmlose Form, vor allem die ... *gute, geistliche, apostolische.* Sagen wir die Wahrheit: Die Pläne habe immer ich gemacht. Im Gebet ist es mir immer darum gegangen, zu tun, zu überlegen, zu entwerfen. *Ich hatte immer das Gefühl, meine Zukunft fest im Griff zu haben.*

Jetzt bin ich sozusagen auf der Talsohle angelangt. Die Erde riegelt sich feindselig ab, der Himmel ist bei meinem zwecklosen Beten wie stumm.

Ja, *ich kenne das zwecklose Beten aus Erfahrung;* es klingt so, immer nur so: „Mein Wille geschehe", und stellt Gott in seinen Dienst – natürlich nur für das Gute!

Jetzt bin ich es leid – ich erkläre meinen Bankrott dem Himmel gegenüber – der Erde gegenüber. Ich lasse mich wegen betrügerischen Bankrotts einsperren, und wenn ich dann im erzwungenen Schweigen in meiner wohlverdienten Gefängniszelle sitze, werde ich ernstlich über das Gebet Charles de Foucaulds zu meditieren beginnen, das ich hier in Übersetzung wiedergebe:

Vater, ich überlasse mich dir.
Mach mit mir, was du willst.
Was immer du mit mir machst,
ich danke dir:
Zu allem bin ich bereit,
alles nehme ich hin,
wenn nur in mir
und in all deinen Geschöpfen
dein Wille geschieht.
Sonst will ich nichts, mein Gott.
Ich überlasse mich dir
in grenzenlosem Vertrauen.
Ich gebe mich uneingeschränkt
in deine Hand, denn du
bist mein Vater.

Danach gebe ich nur noch eine Erklärung ab, bevor ich das Protokoll meines „Bankrotts" unterschreibe. Ich werde mich bemühen, von nun an keine Firma mehr zu gründen, mich nicht mehr für einen Industriellen, Fabrikanten oder Unternehmer zu halten, *sondern Arbeitnehmer zu werden.* Und nur, um den Anfang zu machen, werde ich den heiligen Josef bitten, mich als Lehrling in seine Werkstatt zu nehmen.

Wer weiß!

Künftige Pläne für das Apostolat: *null.* Geistliche Programme noch viel weniger: *null* mal *null.* Wenn sich derartige Versuchungen bei mir melden, muß ich sofort mein Glaubensbekenntnis sprechen: Gott wird es tun – Gott wird dafür sorgen – Gott wird sich darum kümmern.

Mir steht es an, seinen Willen zu tun.

12 Liturgisches Gedächtnis Mariä, Hilfe der Christen, das besonders festlich von der salesianischen Ordensfamilie begangen wird, der die beiden Schwestern Dolce (Dolcidia) und Em (Emerenziana) angehören.

Die Allerseligste Jungfrau Maria, die wir heute feiern[12] – Dolce und Em sind da auch nicht ganz unschuldig –, lasse ihr mütterliches Lächeln hierhin fallen. Das wird ganz sicher helfen.

27. Mai

Armut besteht darin, daß man keine Mittel benötigt. In diesem Sinn ist Gott wahrhaft arm, denn er braucht nichts. Er genügt.

Beim Beten seine eigene Unzulänglichkeit zu spüren ist normal. Es wird immer so sein, denn unsere Natur ist unzulänglich. Wenn wir uns Gott nahen, nahen wir uns dem Quell, dem Können und dem Ursprung überhaupt. Man braucht nur anzusaugen. Hierin besteht das eigentliche Verhältnis zu Gott. „Fons vincit sitientem" – „Der Quell besiegt den Dürstenden."

Pfingsten 1955

Beim Apostolat muß man zwei Dinge unterscheiden: Das erste ist „die Geisteshaltung" des Apostels, d. h. die innere Einstellung dessen, den es aufgrund seiner Vertrautheit mit Jesus dazu drängt, ihn zu bezeugen und seine Botschaft zu verkünden.

Das zweite betrifft die Mittel, die Verfahrensweisen, deren man sich bei der Ausübung des Apostolats bedient, und ihre Vielfalt ist, wie die Kirchengeschichte lehrt, unendlich.

Und noch eine Unterscheidung muß man treffen, und zwar beim Apostel.

Es gibt den Apostel von Amts wegen, der mit Vollmacht ausgestattet ist – die Hierarchie –, und es gibt den Freund Jesu, den Einzelchristen, der, um Apostel sein zu können, wenigstens eine „Apostelseele" besitzen und im Einvernehmen mit der Hierarchie arbeiten muß.

Wenn Jesus sich beim Apostolat immer der zweckdienlichsten Mittel bedient hätte, gäbe es keine Probleme, und im

Apostolat käme es jetzt nur noch darauf an, jedes Mittel mit der richtigen Technik zur besseren Verbreitung der Botschaft einzusetzen.

Man muß aber feststellen – und hier liegt das Rätsel, das man nie lösen wird –, daß Jesus keine rationalen Mittel eingesetzt und sich nicht der Maschinerie der Verstandeskraft bedient hat. In Ihm steckt etwas Irrationales, etwas, das sich durch die ganze Kirchengeschichte zieht. In der Heilsordnung gilt weder das Dezimal-Maßsystem noch das amerikanische Münzwesen. Es bleibt da ein Rest von so etwas wie *Torheit*, die nur die engsten Freunde Jesu ganz begreifen können, einer Torheit, die sich als „Torheit des Kreuzes" einen Namen machen sollte.

Und um noch genauer zu sein – denn das wirklich „Irrationale" gibt es in der Schöpfung nicht, in der der allerrationalste Gott regiert –, was ist gemeint, wenn von diesem „Irrationalen" die Rede ist, das ich erwähnt habe? Hier muß man ganz genau überlegen, wenn man dieses Problem verstehen will.

Ist das „Irrationale" am Apostolat etwa nicht das Eingreifen Gottes, das sich dem menschlichen Tun entzieht, aber sicher seine eigene Logik, seine eigenen Gesetze und seine eigenen Regeln besitzt? Wenn es heißt, Jesus sei in seinem Apostolat keiner menschlichen Logik gefolgt, kann das nicht heißen, er sei auch keiner anderen Logik gefolgt. Er hat in seinem Wirken die Hauptfigur auftreten lassen: Gott Vater. Hier haben wir den nicht-menschlichen Faktor, der von Jesus und später von den heiligen Seelen ins Spiel gebracht worden ist. Gott. Das ist alles andere als irrational, auch wenn es nicht den Regeln der menschlichen Ratio folgt.

Jesus war kein Schriftgelehrter, kein Gesetzeslehrer, war nicht reich und nicht mächtig – menschliche Mittel –, denn das, worum es ihm ging, war nicht so sehr die schnelle Verbreitung des Evangeliums als die unmerkliche Befruchtung, der Einbruch in die Tiefe, die geheimnisvolle Benetzung mit seinem Blut.

Von Mal zu Mal kann die Art des Apostolats sich ändern, aber eins bleibt wesentlich: wer da wirklich handelt, ist Gott, und ihn zu übergehen heißt, sich dem Bankrott zu verschreiben.

Die beiden gott-menschlichen Bestandteile muß man dosieren, aber da das, was wir auszuklammern oder wenigstens zu vergessen versucht sind, der göttliche Bestandteil ist, bleibt die Unausgewogenheit immer auf seiner Seite.

Hier kommt uns wieder das Beispiel vom Anlegen einer Oase in der Wüste zustatten. Das Wasser, die Jahreszeiten, die Fruchtbarkeit – wieviel entgeht dem unbedachten Bauern, der nur sein eigenes Tun und seine Vorhaben im Auge behält!

Noch eins muß man sagen. Was ist schließlich das Apostolat? Ein Hinführen zu Gott. Und wie ist es da möglich, ohne Gott zu Gott hinzuführen? Hier zeigt sich wieder einmal das große Gesetz alles Irrationalen: *die Liebe.* Es ist die Liebe, die alles entscheidet, die alles erklärt, die Ursprung und Ziel aller Dinge ist: es ist Gott.

Einzig Gott, infolgedessen einzig die Liebe; einzig die Liebe, und infolgedessen einzig Gott. Gott gehorcht der Liebe, und die Liebe zieht alles an sich, denn sie ist Gott selbst.

30. Mai 1955

Stellen wir uns vor, einer der seligen Geister im Himmel erhielte von Gott den Auftrag, auf die Erde zu kommen, um dort ein ganzes Menschenleben zu führen. Wie würde er diesen Einschub zwischen zwei Ewigkeiten leben? Diesen Augenblick, den ihm die Liebe gewährt hat? Ich glaube, er würde sofort versuchen, das Leben Jesu nachzuvollziehen in Liebe und im Dasein für den Vater. Unter dem Eindruck, den das Bild auf ihn macht, das die so weit vom Gottesreich entfernte Welt bietet, würde er nur das eine Verlangen haben: „Zahlen, zahlen, zahlen." Herr, Opfer oder Brandopfer hast du nicht gewollt, du hast mir einen Leib gegeben, siehe, ich komme, deinen

Willen zu erfüllen (Hebr 10,5 ff.). Und sein Wille wäre immer noch derselbe, der für Jesus gegolten hat: „Durch Leiden den Preis zahlen, sich hinopfern."

Das ist also das höchste Ziel für den Christen auf Erden, die getreulichste Nachfolge des Meisters, der sicherste Weg, das Tiefste: zu leiden, aus Liebe zu sterben, für die ganze Welt zu bezahlen, sich zu opfern für die Wahrheit, für die Gerechtigkeit, den untersten Platz einzunehmen, gern vergessen und verkannt zu werden; d. h., Psalm 22 und das Gottesknechtslied des 53. Jesaja-Kapitels zu leben.

Dreifaltigkeitsfest 1955

Ich habe die Halbzeit meines Noviziats erreicht und zugleich ein Fest, das meinem Herzen besonders lieb ist. Ich möchte das Ausgangsdatum für einen neuen Abschnitt meines geistlichen Lebens ganz eindeutig festlegen. Es hat sich in mir etwas geklärt, die Gnaden sind nicht ausgeblieben, die Anzeichen sind deutlicher geworden. Versuchen wir denn nach einer Beichte, also mit reicherer Gnade, einen Punkt zu machen.

Der Feind, der in mir eine größere Offenbarung Christi und die Ausgießung des Heiligen Geistes verhindert, ist sicher der Stolz. Während der Einkehrtage auf der Paßhöhe hat sich das deutlicher gezeigt.

Zu oft handle ich um der Menschen willen und nicht um Gottes willen.

All das führt schließlich dazu, daß man zum Feind der Freiheit und der Gerechtigkeit wird. Ich muß mich also bemühen, die Absicht meines Handelns zu läutern, und mich immer dem prüfenden Blick Gottes aussetzen.

Was die Gerechtigkeit angeht, muß ich mich dem Gesetz fügen, es im Tun, im Besorgen, im Ruhen, Essen und Arbeiten zu halten wie alle anderen auch.

Wenn ich darüber hinaus die Gerechtigkeit noch mit der Liebe übertreffen will – was eigentlich deiner Berufung entspräche –, so brauche ich mich bei meinen Entscheidungen nur für den letzten Platz zu entscheiden, den, der der Nachfolge Jesu am gemäßesten ist.

Leitgedanken

Die Sünde ist die Vergangenheit, Schwäche und Gebrechlichkeit sind die Gegenwart.

- Der Stolz hat seinen Ort vor allem im Urteil.
- Unsere Anbetung, die von Christus, unserem Mittler, Meister und Fürsprecher, ihren Ausgang nimmt, muß ihr Ziel in der Allerheiligsten Dreifaltigkeit haben.
- Das Höchstmaß an Frömmigkeit ist die Anbetung der Dreifaltigkeit in uns. Dann kommt man auch – in gewisser Hinsicht – ohne Sakramente aus.

- *Willst du geschwinder laufen?*
Such dir den letzten Platz.
- *Willst du freier sein?*
Such dir den letzten Platz.
- *Willst du Jesus besser begreifen?*
Such dir den letzten Platz.
- *Willst du mehr lieben?*
Such dir den letzten Platz.
- *Willst du der Gerechtigkeit dienen?*
Such dir den letzten Platz.
- *Willst du, daß man dich liebt?*
Such dir den letzten Platz.
- *Willst du Jesus begreifen?*
Such dir den letzten Platz.
- *Willst du mehr Freude haben?*
Such dir den letzten Platz.
- *Willst du mit deinem Leben predigen?*
Such dir den letzten Platz.
- *Willst du begreifen, was Anbetung ist?*
Such dir den letzten Platz.

- *Willst du zum Frieden gelangen?*
  Such dir den letzten Platz.

Jesus hat doch gesagt:

„Die Letzten werden die Ersten sein" (Mk 10,31). Allerdings muß man dies alles aus Liebe tun und nicht aus raffiniertem Stolz.

Fronleichnam 1955

Gottes Liebe ist unerschöpflich. Sie hat erschaffen, hat neugeschaffen, hat geheilt, hat vergeben, hat wieder vergeben, hat immer vergeben, hat gelitten, hat sich töten lassen, ist Brot geworden, ist gleichsam ein Nichts geworden, ist bis ganz unten und dort unten erst zur Ruhe gekommen: im Menschenherzen.

Mir kam heute der Gedanke, daß, wenn Gott sich uns mitteilt, d. h. uns seine Liebe schenkt, uns wohl auch ein ähnlicher Abstieg bestimmt ist, wir auch einen Leidensweg zu gehen haben, bis wir in unserer totalen Selbsthingabe zur Ruhe kommen.

Jesus, gewähre mir diese Gnade. Verbrenne die Schlacken meiner Seele, die das Auflodern der Liebe verhindern. Laß mich sterben für dich und die Deinen, d. h. für die Menschheit. Und zum Auftakt, Jesus, laß mich nach dem letzten Platz verlangen, ihn suchen und an ihm Geschmack finden.

Texte über die Liebe

„Nur für eine kleine Weile habe ich dich verlassen, doch mit großem Erbarmen hole ich dich heim. Wie in den Tagen Noachs soll es für mich sein: So wie ich damals schwor, daß die Flut die Erde nie mehr überschwemmen wird, so schwöre ich jetzt, dir nie mehr zu zürnen und dich nie mehr zu schelten. Du Ärmste, vom Sturm gepeitschte, die ohne Trost ist" (Jes 54,7.9.11).

„Aber ich werde wie eine Löwin, wie ein Leopard am Weg nach Assur. Ich falle sie an wie eine Bärin, der man die Jungen geraubt hat . . .

Aus der Gewalt der Unterwelt werde ich sie befreien. Vom Tod werde ich sie erlösen. Tod, ich werde dein Tod sein, dein Biß werde ich sein, Unterwelt" (Hos 13,7 f.14).

Zerzaustes Haar

mag der Geliebte nicht.

Alle Menschen kommen zu dir, Herr, unter der Last ihrer Sünden (Ps 65,3 f).

Die voll entwickelte Gabe der Weisheit befähigt uns dazu, aus Liebe „Gott zu leben".

Und da die Liebe Gleichheit will, werden wir Gott mit derselben Intensität lieben, die er in seiner Liebe zu uns besitzt. Das ist, in einem Wort, der Himmel.

Vesper des Herz-Jesu-Festes

Eine Aufforderung zur Nachfolge Jesu auf seinem Leidensweg. Hier ist die große Bibelstelle:

Vor unseren Augen wuchs er auf wie ein junger Sproß, *wie ein Wurzeltrieb aus trockenem Boden.* Er hatte keine schöne und edle Gestalt, so daß wir ihn anschauen möchten. Er sah nicht so aus, daß wir Gefallen fanden an ihm.

Er wurde verachtet und *von den Menschen gemieden, ein Mann voller Schmerzen, mit Krankheit vertraut. Wie einer, vor dem man das Gesicht verhüllt, war er verachtet, wir schätzten ihn nicht* (Jes 53,2 f.).

Heiligstes Herz Jesu, gewähre mir als Festgabe, diese Stelle in meinem Leben zu verwirklichen. Sonst habe ich keine Bitte.

Ist das nicht ohnehin dein Lebensprogramm? Hier sind ein paar recht deutliche Stellen dazu. Betlehem – Flucht nach Ägypten – Nazaret sind die ersten Konkretisierungen dieses Programms.

„Er wird wachsen wie ein Wurzeltrieb aus trockenem Boden" (Jes 53,2), noch trockener als nur das: Zur Wurzel Jesu gehörte sogar die Dirne Rahab aus Jericho. *„Er hatte keine schöne und edle Gestalt, so daß wir ihn anschauen möchten."* Wer hat in den dreißig Jahren seines einfachen Lebens Jesus bemerkt?

Aber kommen wir zu dem großen Augenblick seiner Schmach: „dem Weg nach Kalvaria". Hier sehen wir ihn *„verachtet und von den Menschen gemieden, ein Mann voller Schmerzen, mit Krankheit vertraut. Wie einer, vor dem man das Gesicht verhüllt, war er verachtet; wir schätzten ihn nicht . . . Wir meinten, er sei von Gott geschlagen, von ihm getroffen und gebeugt"* (Jes 53,3 f.).

Und dann haben sie ihm ins Gesicht gespuckt und ihn mit Faustschlägen und Ohrfeigen gepeinigt.

„Wir wollen Barabbas!"

„Sie zogen ihn aus und legten ihm einen purpurroten Mantel um. Dann flochten sie einen Kranz aus Dornen; den setzten sie ihm auf und gaben ihm einen Stock in die Hand. Sie fielen vor ihm auf die Knie und verhöhnten ihn" (Mt 27,27 ff.).

Geburt Johannes' des Täufers 1955

Wie immer, hat der große Täufer etwas mitgebracht. Dieses Jahr war es eine Stunde im Kreis der kleinen Familie von Nazaret. Milad hat sehr eindringlich und urwüchsig über die Madonna gesprochen. Er hat sie richtig aufleben lassen mit einem für meine Ohren und meine Augen ungewohnten Realismus, ungewohnt, weil sie von den in der Christenheit, in der die Königin die Mutter fast völlig verschwinden läßt, so verbreiteten marianischen Übertreibungen geschädigt sind.

Schauen wir uns das einmal an.

Die Größe Mariens liegt in der Treue, mit der sie zum gegebenen Wort steht. Ihre Vorzugsstellung als Mutter des Erlösers ist Gottes Geschenk und nicht ihr Verdienst. Worin sie sich aber verdient gemacht hat, waren ihr Ja und ihre Treue gegenüber den Forderungen Gottes. Vor allem drängen in ihr die ganze jüdische Vergangenheit, die ganze Geschichte und das Sehnen ihres Volkes.

Unverhofft vom Engel gefordert, verlangt sie Klarheit, Licht, gemäß ihrer für alles offenen und lauteren Art, und spricht dann ihr „Ja", das für die ganze Geschichte allergrößte Bedeutung erlangt.

Ihrem Versprechen bleibt Maria treu, selbst angesichts der schwersten Prüfungen, und sie erfüllt es von Mal zu Mal, wenn der Herr es von ihr einfordert.

Ihre Ehre steht auf dem Spiel vor dem Teuersten, das sie hat: Josef. Sie wartet, schweigt, gehorcht. Die zweite schwere Prüfung war sicherlich die Flucht nach Ägypten und die Tragödie, die durch die Geburt ihres Sohnes mit dem Gemetzel an den Unschuldigen Kindern ausgelöst wurde. Was konnte das mit der glanzvollen und bejubelten Ankunft des Messias zu tun haben? Eine Flucht bei Nacht, das Exil, das Gemetzel. Und Gott? Wo ist Gott, der Herr der Heere?

Die Prüfung, die Gott daraufhin mit Maria im Dunkel des Glaubens anstellt, finden wir in der Begebenheit, in der Jesus verschwunden war: „Habt ihr denn nicht gewußt?" „Maria bewahrte all das in ihrem Herzen und dachte darüber nach" (Lk 2,19). Zu jeder Etappe eine neue Forderung, ganz wie Gott mit seinem Geschöpf vorzugehen pflegt. Im Leben ihres Sohnes war sie zur Stelle, wenn die Situation kritisch war, und sie hat in ihrem herzzerreißenden Schmerz seine Tragödie begleitet, einzig vom Glauben gehalten, danach entzieht sie sich unseren Blicken in der Umgebung des Johannes in Ephesus, wo sie der Wiedervereinigung mit ihrem geliebten Sohn durch den Tod entgegenharrt.

Peter und Paul 1955

Gott, mein *Schöpfer*! Quell, Wurzel meines Seins, ich liebe dich. Ich suche dich. Du bist für mich alles.

Jetzt, da ich durch die Sünde Schaden genommen habe, schaffe mich neu, erneuere mich, laß mich wieder in deinen schöpferischen Schoß eingehen, und gib mir wieder das Antlitz, das dir vorgeschwebt hat, als du mich schufst.

Die Luft für das Leben, das Wasser für den Verdurstenden, das Brot für den Verhungernden, sind eine Kleinigkeit, verglichen mit dem, was du für mich bist.

Du bist der Schoß, in dem ich mich rege, die Wurzel, aus der ich erwachse, das Ganze, von dem ich nur ein Teil bin. Dein bin ich, laß mich dein sein; in dir bin ich, führe mich tiefer in dich hinein. Denk an das, was dein Geist bei Sacharja gesagt hat: „geziert mit meiner Schönheit". Alles andere ist mein, doch leider ist das nur die Sünde. Gott, ich liebe dich.

3. Juli

Nach einer Periode der Lustlosigkeit meldet sich wieder mit Macht der Drang, mehr Wert auf den Willen zu legen. Es ist bei mir immer wieder das alte Lied, wenn ich mich vor einer Aufgabe drücke. Entscheidend ist das Beispiel Mariens. Eingreifen Gottes, gewaltige Offenbarungen, im voraus festgelegter Plan, aber . . . den Weg von Nazaret nach Aïn Karim ist sie selbst gegangen, und sicherlich haben keine Engel sie getragen. Es ist zweifellos gut, oft auf Gott hinzuweisen, zu glauben, daß er allein es ist, der ans Werk geht, aber zur Mitwirkung als einer Liebestat und als Antwort auf seinen Ruf bleiben wir unweigerlich verpflichtet.

Die ganze Heilige Schrift bezeugt das, die ganze Logik verlangt es, und das ganze Menschenleben beweist es.

Ich habe Maria kraft des Geheimnisses der Heimsuchung um die Fähigkeit gebeten, immer dem Drängen des Geistes zu folgen, wenn es darum geht, mich der Liebe zur Verfügung zu stellen.

Das Geheimnis des gemeinsamen Wirkens kann man mit der Liebe zwischen Mann und Frau vergleichen. Der Mann ruft, aber seine Frau muß ja sagen. Jede Geburt ist die Frucht dieses freiwilligen Miteinanders und dieses Zusammenwirkens. Auch wenn unsere Beziehung zu Gott unendlich erhabener bleibt und uns sogar auf den Gedanken bringt, daß Er das Ganze ist, bleibt nichtsdestoweniger auf Grund seines Willens eine Antwort fällig, die Sache des Menschen ist. Ohne diese Antwort geschieht kein Wunder.

Wenn Abraham dem Ruf nicht entsprochen hätte? Wenn Jakob nicht mit dem Engel gerungen hätte? Wenn Mose nicht aufgebrochen wäre? Wenn Maria nicht eingewilligt hätte? Immer so, weil Gott, da der Mensch in seiner Freiheit gottebenbildlich geschaffen ist, es so gewollt hat und seine Gaben nicht bereut.

Der Fall liegt demnach immer gleich:

Gott tritt an das Geschöpf heran und legt ihm seinen Ratschluß vor.

Das Geschöpf begreift *kraft des Glaubens,* was es tun soll. Die Liebe des Geschöpfes, die vom Heiligen Geist, der Liebe ist, aktiviert wird, spricht ihr Ja und handelt.

Aus diesem Handeln ergibt sich das Wirken Gottes in der Welt.

Ein heiliges Leben zu führen ist daher nichts anderes, als dauernd auf Gottes Stimme zu achten und zur Ausführung seines Willens bereit zu sein.

6. Juli

„Nie sagen: ich habe recht. Sich auch gegen ungerechte Vorwürfe nicht verwahren. Nicht von sich sprechen. Nicht schlecht von anderen sprechen. Nicht den Wunsch hegen, geliebt zu werden" (hl. Theresia).

Tag für Tag bereitwillig sterben. Wie schön klingt das, wie schwer fügt man sich darein!

Und doch ist das der einzige Weg, der hier auf Erden zum Frieden führt. Ist man aber nicht dazu bereit, bleibt nur die Katerstimmung eines Salons im Morgengrauen: abgestandener Rauch, Mief, das Gefühl der Leere, lästige Förmlichkeiten, alter Mist, der einem wieder einfällt und jede nur mögliche Freude erstickt.

17. Juli

Die Lektüre des heiligen Johannes vom Kreuz ist besonders mit dem Feuer der Gnade erwärmt worden. Ihre Hilfe habe ich in dieser Woche wirklich gespürt. Hier in Kurzform seine „Nein":

Zu den Gütern der Erde
Zu eigenen Urteilen
Zu eigenen Verdiensten
Sogar zu Gnaden
Zu sich selbst

Das ist die Methode, die zum Kreuzweg und zur Kreuzigung des Ich gelangen läßt. Sie wird dir zum Begräbnis mit Christus, dem Vorspiel der endgültigen Auferstehung mit ihm.

Das geistliche Leben ist also ein Weg. Man braucht daher einen Begleiter, den uns der Vater in zwei für das Leben der Menschheit ganz wesentlichen Augenblicken offenbart. *„Das ist mein geliebter Sohn. Auf ihn sollt ihr hören"* (bei der Taufe und auf dem Tabor: Mk 9,7).

Aber diesen Begleiter *entdeckt man,* wie Petrus, *im Glauben.* Und wenn man ihn entdeckt, bricht Jesus in Jubel aus: „Selig bist du Petrus, denn ...", *und man folgt ihm in der Liebe*: sie ist das erste Gebot.

Als solches aber *ist* die Liebe *Wille,* und in der Annahme und der Suche dieses Willens vollzieht sich die Identifizierung der Seele mit Christus. „Omnia mea tua sunt." Und die Identifizierung führt zur Vereinigung, der letzten Etappe, dem Vorspiel der ewigen Einswerdung mit Gott im Himmel. Die in den

Garten des „Hohenliedes" geführte und sich an ihren Bräutigam lehnende Braut entdeckt und lebt das, womit für sie das innere Leben beginnt: *den Vater.* Am Herzen des Vaters, wo Jesus von Natur aus Sohn ist, beginnt auch die Seele durch Annahme an Kindes Statt ihr wahres Kindsein zu verkosten. *Und diese Wiedergeburt vollzieht sich im Heiligen Geist.* Dieser Geist, der sich auf dem Tabor auf den Gottessohn gesenkt hat, der sich uns eingesenkt hat, um uns Christus im Glauben entdekken zu lassen, der in unseren Herzen ausgegossen ist, führt uns Schritt für Schritt zur Erkenntnis Gottes. *Er führt uns in die ganze Wahrheit.* Im tiefsten Seelengrund ist tatsächlich die Dreifaltigkeit, die sich zu erkennen gibt.

So führt Jesus die Seele nicht nur bis zum Geheimnis Gottes, das ihr einwohnt, sondern er zieht sie in das ewige Sicheinander-Mitteilen der göttlichen Personen hinein, einen kleinen Tropfen Liebe, der in den unendlichen Ozean gezogen wird. Der Heilige Geist bereitet die Seele dazu, ebenfalls in Gott mit demselben Liebeshauch zu atmen – „ein Hauch, der der Heilige Geist (=Hauch) selbst ist". „Wie kann das geschehen?" – „Vater, ich will, daß alle, die du mir gegeben hast, dort bei mir sind, wo ich bin. Sie sollen meine Herrlichkeit sehen, die du mir gegeben hast" (Joh 17,24), d. h., daß sie in uns – durch ihre Teilhabe – dasselbe tun, was ich von Natur aus tue, nämlich den Heiligen Geist hauchen.

Werke

Aufstieg zum Berge Karmel.
Dunkle Nacht der Seele.
Geistlicher Gesang.
Lebendige Liebesflamme.
Geistliche Mitteilungen und Sinnsprüche.

Die Bestimmung des Menschen ist nicht mehr der Besitz der Erde, sondern der Besitz des Himmels. Nach seiner Erhebung in den übernatürlichen Zustand müssen ihn Weinberge, Äcker und Häuser insofern immer weniger interessieren, als die himmlischen Güter sich immer deutlicher abzeichnen. In diesem Reifungsprozeß, für den man den Verzicht wagt, verblaßt alles Menschliche vor dem immer mehr zunehmenden göttlichen Glanz. Ein Kind Gottes setzt auf das Erbe des Vaters.

Mit welchen Verlockungen können vergängliche Güter wie die Reichtümer und Herrlichkeiten der Welt da noch aufwarten?

Die Trauer des Menschen, der dazu verurteilt ist, zu sterben, und infolgedessen all seine Schätze im Stich lassen muß, wird von der neuen überirdischen Wirklichkeit überwunden. Das ist die Antwort auf die Schlußfrage Kohelets zur Eitelkeit der Dinge.

Er konnte nicht schauen – die Zeit war noch nicht gekommen –, hatte aber erspürt, daß die Güter der Erde den Menschen nicht restlos befriedigten. In seiner Diagnose war er grausam, und das mit Recht, und sein Buch ist eine geistliche Bö, die über die jüdische Auffassung von den irdischen Freuden hinwegfegt. Der heilige Paulus sollte das Bild vervollständigen und aussprechen, was Salomo noch nicht sagen konnte.

Die Erhebung in die übernatürliche Ordnung, die offizielle Aufnahme des Menschen in die Familie Gottes, sollte die Situation und damit die Träume des Menschen völlig ändern.

Der Verzicht ist daher nur eine einvernehmliche, kluge Vorwegnahme des Todes und seiner Folgen, bevor er eintritt. Meiner Häuser, meines Besitzes, meines Erbes begebe ich mich, statt sie später im letzten Augenblick gezwungen zurückzulassen, jetzt und betrachte mich schon, wenn ich auch noch auf Erden lebe, als Bürger des Himmels, als Kind des Vaters, und lebe dementsprechend. Meinen ganzen Besitz opfere ich freiwillig und bezeuge so meinen Glauben an das andere Leben und die anderen Güter.

Ist der Verzicht auf die materiellen Güter geleistet, steht noch der Verzicht auf die geistigen Güter, auf *„meinen Gesichtspunkt"*, aus.

Hier gehört wenig zu der Einsicht, wie klug es ist, einem anderen Gesichtspunkt beizupflichten, „demjenigen Christi". Er, der vom Himmel herabgekommen ist, ist der einzige, der weiß und kennt, was im Himmel ist. Vor allem ist das ein Akt der Demut und damit der Wahrheit.

Der Verzicht auf das eigene *Herz* ist schließlich nichts anderes als das Annehmen dessen, was nach der Auferstehung des Fleisches sein wird. Alle werden sie Engel Gottes sein.

Fest des heiligen Vinzenz von Paul 1955

Heute abend hat sich in der Vesper, nachdem es schon wieder schiefgegangen war, meiner Seele der spontane und laute Schrei entrungen: *„Das reicht, ich habe es begriffen; ich will nicht mehr auf mich selbst vertrauen!"*

Wie lang und schmerzlich war doch dieser Weg, den der Herr mich geführt hat, damit ich mein ganzes Unvermögen einsähe. Ich muß schon ein rechter Dickschädel sein, die Geduld Gottes bis zu diesem Punkt zu strapazieren.

Jetzt will ich keine Programme und keine Versprechungen mehr machen, die sich auf dieses geknickte Rohr stützen. Mein einziger Wunsch soll sich in dem Gebet ausdrücken: *„Herr, auf dich vertraue ich, laß mich doch nicht zuschanden werden."*

Wenn sich das als fester Punkt erweist, kann ich sagen, daß es der Mühe wert war. *Gott stehe mir bei!*

21. Juli

Vorsehung, Gott Vater,
Vorsehung, Gott Sohn,
Vorsehung, Gott Heiliger Geist,

Erbarmt euch meiner!

Ich habe an mich geglaubt, ich habe auf mich gehofft, ich habe Null Komma nichts erreicht.

So will ich denn einzig an Gott glauben und auf Gott hoffen. Aber wie schwer ist es, eine so einfache und völlig verläßliche Wahrheit ohne Wenn und Aber zu beherzigen. Die Sünde hat uns wirklich umgestülpt!

Was wir brauchen, um weiterzukommen, ist, vor Gott zu schweigen. Die Sprache, die Gott am besten versteht, ist die wortlose Liebe.

Richtet den Blick der Liebe fest auf Gott, ganz ohne den Wunsch, etwas Bestimmtes von ihm her zu empfinden oder zu erfahren.

Bewahrt die geistliche Ruhe beim liebevollen Schauen auf Gott. Muß man etwa reden? Dann tut es ebenfalls in Ruhe und Frieden (hl. Johannes vom Kreuz).

Lerne, ruhigen Geistes den Blick liebevoll auf Gott gerichtet zu halten. So werden nach und nach, und zwar recht bald, der göttliche Friede und die göttliche Ruhe mit den wunderbaren und hohen Einsichten über Gott in deine Seele einziehen, die in der göttlichen Liebe beschlossen sind.

Wenn du dich eifrig der Lesung gewidmet hast, findest du Gnade in der Meditation, wenn du zum Gebet gerufen wirst, erschließt sich dir die Kontemplation.

Am Ende wirst du im Fach „Liebe" geprüft; lerne also, Gott so zu lieben, wie er geliebt werden will, und mach dir nichts aus allem anderen.

Eine auch noch so kleine Arbeit, die man im stillen tut, ohne zu beabsichtigen, daß die Menschen davon erfahren, macht Gott mehr Freude als tausend andere, die man tut, um den Menschen zu gefallen.

Eine Seele, die ihren Weg aus Liebe geht, spürt und macht keine Mühe.

22. Juli

Wohltuend durchwärmt vom liturgischen Gedächtnis der heiligen Maria Magdalena, habe ich heute abend mit dem aus Ägypten heimgekehrten Jesuskind eine Höhle auf der geographischen Breite von Jerusalem, aber tief unten in der Senke des Toten Meeres, aufgesucht.

Wir haben miteinander gebetet, und Er hat eine Messe gefeiert. Er hat mich um die Opfergabe gebeten, auf jede freiwillige kleine Übertretung meiner Regel zu verzichten. Ich habe eingewilligt im festen Vertrauen auf seine Hilfe. Ich war auch damit einverstanden, bis zum Ende des Noviziats, bis ich nach Hause komme, keinen Tropfen Wein zu trinken. Wir sehen uns wieder. Er hat mir erklärt, wie sehr er sich über jede, selbst kleine Arbeit freut, die man tut, nicht um den Menschen zu gefallen, sondern ihm allein.

Man muß sich bescheiden.

23. Juli

„Jede Arbeit, selbst eine kleine, einzig für Ihn getan und nicht, um von anderen gesehen zu werden" (hl. Johannes vom Kreuz).

„Wer im kleinen nicht treu ist, wird es auch im großen nicht sein" (Lk 16,10).

Gott ist Liebe.

Es ist mein Beruf, ihn zu lieben, er sucht mich, und ich suche ihn. Die ganze Schöpfung liegt wie ein offenes Buch vor mir in der Schrift seiner Liebe: sie erzählt mir von ihm. Der Liebesbrief, den er mir im Lauf der Jahrhunderte geschrieben hat, ist die Bibel. Auch ihre Buchstaben sind Buchstaben der Liebe.

Und zwar eifersüchtige Liebe.

Die ersten Beziehungen waren, als ich Jesus, die menschgewordene Liebe, kennenlernte, solche der Freundschaft. *Ich habe gespürt, daß er mein Freund war.* Dann habe ich unter dem

Ansturm des Bösen, als er sich als Arznei erwies, gespürt, daß er mein Bruder war. Er hat mir sein Blut gegeben, um mich zu heilen.

Noch später habe ich ihn als Bräutigam kennengelernt. Als die Liebe mich zu erobern begann, haben die Beziehungen freier Liebe den menschlich gängigen Begriff des Ehebundes gedehnt.

Jetzt wird für mich die Kindesbeziehung wieder fester und wichtiger. Übrigens war sie die Jesu und ist die des Wortes. In der Nachfolge Jesu unter dem Antrieb des Heiligen Geistes – er hat uns in bräutlicher Liebe mit ihm verbunden – gelangen wir zum Herzen des Vaters: *„Wo ich bin, sollt auch ihr sein"* (Joh 14,3). *Und am Herzen des Vaters wird der Geist der Kindschaft – der Geist des Sohnes – unser Lebensprinzip. Das ist dann die endgültige Beziehung, in der wir von Jesus unterwiesen worden sind: „Vater unser".*

Was werden wir erst sagen, wenn wir bedenken, daß wir, wie der heilige Johannes vom Kreuz sagt, am Herzen des Vaters gewissermaßen den Heiligen Geist hauchen? *Unser Tröpfchen Mensch für immer im Ozean Gott aufgegangen*!

Mein Gott, ich liebe dich!

Es ist Zeit, ein Sohnesleben zu führen.

24. Juli

Wir tragen den Geist der Adoptivkindschaft und nicht der Knechtschaft in uns, da doch der Geist in uns ruft: „Abba, lieber Vater." *Matthäus* – heute – am achten Sonntag nach Pfingsten: „Und wer ist unter euch, der seinem Sohn einen Stein gibt, wenn er um Brot bittet?" (7,9).

Wenn nun schon ihr, die ihr böse seid, euren Kindern gebt, was gut ist, wieviel mehr wird euer Vater im Himmel denen Gutes geben, die ihn bitten. „Ich preise dich, Vater, Herr des Himmels und der Erde, weil du all das den Weisen und Klugen verborgen, den Unmündigen aber offenbart hast" (Lk 10,21).

Und Jesus rief ein Kind herbei, stellte es in ihre Mitte und sagte: „Wahrlich, ich sage euch: Wenn ihr nicht umkehrt und wie die Kinder werdet, könnt ihr nicht in das Himmelreich kommen. Wer so klein sein kann wie dieses Kind, der ist im Himmelreich der Größte" (Mt 18,2 ff.).

„Aus dem Mund der Kinder und Säuglinge hast du dir das vollendete Lob geschafft" (Ps 8,3).

„Und er stellte ein Kind in ihre Mitte, nahm es in seine Arme und sagte zu ihnen: Wer ein solches Kind um meinetwillen aufnimmt, der nimmt mich auf; und wer mich aufnimmt, der nimmt den auf, der mich gesandt hat" (Mk 9,36 f.).

Und wer unter euch ist wohl der Vater, der seinem Sohn, der ihn um Brot gebeten hat, einen Stein reicht? Oder eine Schlange, wenn er um einen Fisch bittet? Oder einen Skorpion, wenn er ein Ei erbittet?

Wenn nun schon ihr, die ihr böse seid, euren Kindern gebt, was gut ist, wieviel mehr wird euer Vater im Himmel denen guten Geist geben, die ihn darum bitten (Lk 11,11 ff.).

Laßt die Kinder zu mir kommen, und hindert sie nicht daran; denn gerade Menschen wie ihnen gehört das Reich Gottes. Wahrlich, ich sage euch, wer das Reich Gottes nicht so annimmt wie ein Kind, wird nicht hineinkommen (Lk 18,16 f.).

All denen aber, die ihn aufgenommen haben, und denen, die an seinen Namen glauben, gab er Macht, Kinder Gottes zu werden (Joh 1,12).

26. Juli

Heilige Anna – Immer deutlicher wird die Spur, die vorgestern die göttliche Eingebung über das Leben der Gotteskindschaft gezogen hat. *Ich habe das Gefühl, daß nun ein wesentlicher Abschnitt meines Lebens begonnen hat.* Gestern habe ich sicher den glücklichsten Tag der Verbundenheit mit Gott meines ganzen Noviziats erlebt. *Anscheinend lebe ich wieder auf,* und alles wird wieder schön und froh, auch die schwere Arbeit auf der Baustelle. Noch fünf solche Monate, und mein Leben ist von Grund auf verwandelt! Das walte Gott!

31. Juli

Schon wieder ein Monat zu Ende. Das Leben im Noviziat vergeht schnell und – für mich – immer schneller. In fünf Monaten bin ich vielleicht in der Welt unterwegs, das hohe Ideal von Nazaret im Herzen, das ich für den Rest meiner Tage leben will.

Alles entwickelt sich gut, auch die Hitze ist nicht so, wie ich sie mir vorgestellt hatte.

Aus der Schusterei bin ich in die Bäckerei hinübergewechselt, und das recht vorteilhaft. Schon wieder ein Handwerk, das mir einmal zustatten kommen kann.

Das geistliche Leben ist in Ordnung, zumal nach der Gnade, die *Kindesbeziehung* zu Gott begriffen – besser: erlebt – zu haben. Es scheint mir nichts Vorübergehendes, sondern eine entscheidende Etappe zu sein. Das walte Gott.

Vor allem fühle ich mich sicherer und Herr meiner selbst. Jetzt sehe ich einfach klarer, und das war ja eigentlich die Gnade, um die ich so inständig gebetet hatte. Sie ist eingetroffen als *Beigabe* zu der größeren und wirklich hohen Gnade der inneren Beziehung zur Vaterschaft Gottes.

Die Klause auf der Paßhöhe ist fast fertig, die Kapelle kann man schon benutzen. Das wird eine gute Sache, denn vorerst – ohne das Allerheiligste – ist es schwieriger, stille Einkehr zu halten. Jetzt spüre ich also, was die Anwesenheit des Allerheiligsten ausmacht, während ich mir früher einmal das Gegenteil eingebildet hatte. Die Natur lenkt mich ab in Anbetracht meiner wohlbekannten und tiefen Liebe zu ihr, und ich bin noch nicht so weit, mit Leichtigkeit den Übergang in die innige Gottverbundenheit zu vollziehen, das, was das Allerheiligste mir – heute – erleichtert.

Greifen wir die Gedanken über den Vater wieder auf.

Der Vater ist im Hinblick auf sein Kindchen *Ursprung, Vergangenheit, Leben, Brot, Schutz, Kraft, Wissen, Verstand, Führung, Licht, Schwinge, Sicherheit, Stütze, Hoffnung, Besitz, Prinzip. Ihm schließt sein Kind sich an, auf ihn hofft es, von ihm erwartet es alles, bei ihm ist es geborgen, ihm folgt es auf seinen Wegen.*

Wenn er ausbleibt, zittert es, ohne ihn weint es, wenn er wiederkommt, freut es sich, wenn er es anschaut, beruhigt es sich; mit ihm: das ist das Leben, ohne ihn: das ist der Tod. Er ist der Vater!

Das Kind denkt an ihn, auch wenn es nicht darauf achtet, es ist bei ihm, auch wenn es allein ist, es hat immer das Gefühl, in ihm zu sein.

Sein Vater ist wunderbar, stark, zu allem fähig. Er weiß alles, kann alles: er ist doch sein Vater.

Es preist ihn in den höchsten Tönen, es liebt ihn: wehe, wenn man ihn antastet: er ist doch sein Vater.

Das Baby sucht eher die Mutter – das Kind den Vater.

Sobald es sich, wenn es auch noch ganz klein ist, der Einsicht erschließt, ist seine Hauptperson der Vater.

Aus diesem Grund stellt Jesus es als Modell hin: Seid wie die Kinder; er hat nicht gesagt: seid wie Babys.

Das Kind hat Beine zum Gehen, kann es aber nicht ohne seinen Vater. Es hat die Fähigkeit, zu wissen, und weiß nichts, zu tun, und schafft es nicht.

Das ist das richtige Modell für das geistliche Leben und die Beziehung zum Vater im Himmel. Seid wie die Kinder. Wenn ihr nicht werdet wie die Kinder! Wer macht sich zum Kind?

3. August

In dieser Gnadenzeit habe ich zwei feste Vorsätze gefaßt:

1. Im Noviziatsalltag *ein gerechtes Leben zu führen;*
2. *getreu* nach dem Gedanken zu leben, den der heilige Johannes vom Kreuz zum Ausdruck gebracht hat: „Eine auch noch so kleine Arbeit, die man im stillen tut, ohne zu beab-

sichtigen, daß sie bekannt wird, macht Gott mehr Freude als tausend andere, die man tut, um den Menschen zu gefallen." Gestern habe ich nach reiflicher Überlegung noch einen dritten Vorsatz gefaßt: „Barmherzigkeit den Brüdern gegenüber."

So verwirklicht man, auf die Gegenwart bezogen, Jesu Wort an die Pharisäer: „Besser wäre es gewesen, Gerechtigkeit, Barmherzigkeit und Treue nicht zu lassen" (Mt 23,23 b).

Der Pharisäer Carlo möge sich das zu Herzen nehmen und nicht so leicht

Treue
Gerechtigkeit
Barmherzigkeit vergessen.

7. August

Das heutige Evangelium – vom zehnten Sonntag nach Pfingsten – hat das Gleichnis Jesu vom Gebet des Pharisäers und des Zöllners (Lk 18,9–14) zum Inhalt, das eins der schönsten Blätter im gesamten Gedankengut Jesu ist. In seinem Licht muß ich denn auch mein Beten überprüfen und zusehen, wie ich Ordnung hineinbringen kann.

Daß ich mein Elend, mein Unvermögen und meine Treulosigkeit merke und Gott vortrage, stimmt, aber es stimmt auch, daß ich mir zutiefst in vielem, in zu vielem, wohlgefällig bin. Wohlgefällig, Ordensmann zu sein, etwas von Gott zu verstehen, in der Frömmigkeit richtig zu liegen. Ich kann die Dickköpfigkeit nicht leugnen, mit der ich meine Vorstellungen vom Apostolat vertrete, auch nicht die Selbstsicherheit, mit der ich mich zu Problemen der Kirche und zur Zukunft der Welt äußere.

Ich muß also etwas zu beiden Haltungen sagen.

Zur ersten braucht man nur nachdrücklich festzustellen: es ist wirklich so. Es gehört nicht viel dazu, mein ganzes Unvermögen dem Guten gegenüber zu begreifen: Ich habe es so sehr an mir erfahren, daß – wie ich glaube – jedes diesbezügliche Möchtegern-Denken erledigt ist. Solch eine – in sich wahre – Haltung bleibt aber wie steril, wenn sie nicht in die positive Rolle integriert wird, die Gott, der Quell alles Guten, innehat. Die Vorstellung des Bösen, in das ich hineingezogen werde, muß mich auf der Stelle nicht nur im Ruf nach Gott Zuflucht suchen lassen, sondern im Glauben an seine starke und sichere Hilfe.

Man braucht als unstreitigen Beweis dafür nur alle vom Alten und vom Neuen Testament inspirierten Gebete einmal nachzulesen. Sie rufen wie aus einem Mund: „Herr, auf dich vertraue ich."

Mir fehlt diese zuversichtliche Gewißheit. Ich rufe wohl: „Herr, auf dich vertraue ich", aber dann befruchte ich diesen Ruf nicht mit dem *Glauben*, daß Gott mich erhört. Mitunter bringt eine falsche Demut mich dazu, das Eingreifen Gottes zu bezweifeln. In diesem Punkt muß ich mich wirklich ändern und mutig diesen Glauben an seine Hilfe nähren. Übrigens habe ich sie in den vergangenen Tagen konkret erfahren. Der Herr, so würde ich sagen, ist nicht gleich zur Stelle. Er läßt uns ein Weilchen inständig beten, damit wir uns selbst auch über die Bitte klarwerden, aber dann kommt er, und seine Ankunft bringt wirklich Leben.

Zum zweiten Punkt muß ich unbedingt meinen Dickschädel ablegen, Schluß machen mit den vorgefaßten Meinungen, der Personifizierung der Probleme, dem Wurm des Stolzes in den Gedanken zum Apostolat und zum Weltuntergang. Mehr Ruhe, mehr Zweifel, mehr Schweigen.

Sicher ist, daß im Gleichnis Jesu mit ganz einfachen Begriffen das Gottesverhältnis des Menschen, wie er ist, d. h. nach dem Fall mit seinen schlimmen Folgen, dargestellt wird.

Der Herr gerät nicht in Verwunderung; er legt sogar zugrunde: Der Mensch ist krank, ist ein Sünder, und die Lösung des Problems weist er dem Gebet zu. „Er ging gerechtfertigt nach Hause" (Lk 18,14). Allerdings stellt er zwei Vorbedingungen auf: die demütige Bitte und das vertrauensvolle Gebet. Letztlich ist es der Mensch, der sich Rechenschaft geben, sich seiner Situation und der Rolle, die Gott in diesem Zusammenhang spielt, bewußt werden muß. Der Mensch *ist nicht;* er geht hin zu dem, der *ist;* der Mensch ist krank, er geht zum Arzt; der Mensch kann nichts, er bittet den, *der kann.*

Gott ist wirklich der Quell: der Quell des Lebens bei der Schöpfung, der Quell des Heils bei der Erlösung, der Quell der Herrlichkeit im Ewigen. Am Menschen ist es, zu begreifen, auf wen er sich verlassen, von wem er alles erwarten und zu wem er gehen soll.

In jedem Unterfangen, das auf menschlicher Kraftanspannung beruht, steckt der Wurm; wenn es den Glauben an Gott zur Grundlage hat, ist es realistisch und solid.

Auf ihn zählen, zu ihm gehen, ihn bitten, auf ihn hoffen, zu ihm rufen, ihn anflehen, ihm vertrauen.

Das ist der lebendige Glaube, der dir mit deinem schwachen und kranken Sein den Kontakt mit Gott herstellt. Das ist die Kraft, auf die man schwören kann: unsere Kraft, das „Alles kann ich in dem, der mich stärkt".

Herr, ich glaube an dich, du bist mein Schöpfer, mein Erlöser, mein Alles. Dich will ich, dich liebe ich. Du bist mein Leben, meine Kraft, meine Möglichkeit, mein Können, meine Hoffnung, mein Glaube. Mein Alles. Ich liebe dich, Herr, und bitte nur darum, mir dein Denken, deine Absicht und dein Wollen inniger zu eigen machen zu können. Gib mir dein Wollen und dann auch die Kraft, es in die Tat umzusetzen. Mein Nichts wird in dir zur Kraft: meine Unfähigkeit zum Können, selbst meine Sünde zum Quell der Liebe.

Alles hast du geregelt für den, der dich liebt. Weder dem Satan wird es gelingen, dir einen Streich zu spielen, noch dem Menschen. Du besiegst sie mit deiner Liebe, und selbst in deiner Niederlage erleidet dein Feind das größte Debakel. Du bist wahrhaft Gott, du bist der Sohn Gottes, Jesus, du bist der Geist, der lebendig macht, der Heilige Geist.

Gott, Gott allein, Gott ganz, mein Licht, meine Liebe, mein Alles. Ich bin dein, laß mich noch mehr dein sein, für immer.

8. August

Als ich an den armen, kranken Tomaselli[13] dachte und überlegte, wie man ihm in seinen Leiden unter einem geistlichen Gesichtspunkt helfen könnte, kam mir gestern wieder das deutliche Empfinden der völligen Gottergebenheit. Wie kann sich ein hinfälliger Mensch ohne Zukunft, ohne menschliche Hoffnung, ohne Hilfe vor der Verzweiflung retten?

Soweit zu kommen, indem man mit einem uneingeschränkten Glaubensakt keine Pläne mehr macht, sich nicht mehr wehrt, nichts mehr versucht, sondern sich ganz in die Vaterarme Gottes fallen läßt, stellt nicht nur den Weg zum Frieden und zu abgeklärter Ruhe dar, sondern auch den Weg zu echter Heiligkeit.

Als mir am Ende des Salve Regina Domenico durch den Kopf ging, kam mir urplötzlich der Gedanke: Und du? Warum hältst du dich nicht an dieses Rezept, das du in Domenicos Fall so klar siehst? Noch geht es nicht um Krankheit oder völlige Hilflosigkeit, aber das ist egal, ja sogar ... Alles andere kommt dann von selbst. Die Jahre sind so gezählt! Laß dich künftig los, deine Pläne sollen einzig bei ihm stehen, such keine unnützen Ausflüchte, suche den wahren Frieden nach der Liedzeile, die dir so gut gefällt: *„In deinem Willen steht unser Friede."* Man muß solch einen Glaubensakt einüben, damit das Gebet Charles de Foucaulds nicht leerer Schall bleibt, sondern mystische Wirklichkeit wird.

13 *Domenico Tomaselli.* Es ist uns nicht gelungen, etwas über ihn in Erfahrung zu bringen. Er war sicher hilfsbedürftig, da Carlo ihn auch in seinen Briefen der Wohltätigkeit seiner Angehörigen empfiehlt.

9. August

Eine Vigil, die dem heutigen Laurentius Ehre macht. Mich hat wieder der alte Schmerz gepackt, und als er mich plagte, habe ich wieder die ganze Labilität und Schwäche meiner Frömmigkeit gespürt. Wie klein bin ich doch! (aber nicht im Sinn des Evangeliums). Aber wie habe ich eindringlich und diesmal gläubig um die Gnade gebetet, Schmerz aushalten zu können!

Mein Beten heute morgen bleibt mir also unvergeßlich. Gott habe ich gespürt als Mutter mit ihrem Säugling, als Vater, der sein kleines Kind an der Hand hält, als Fülle, als waltende Macht, als Kraftwerk, als Bergsee, als Fruchtbarkeit, als Speise, als Atem, als Luft und als Leben.

Mein Gott, mein Vater, ich liebe dich.

12. August. Heilige Klara

Wenn du in mir bist, Herr, nutze die Gelegenheit, mein Herz auszutauschen. Ersetze mein altes, hölzernes, kleines, egoistisches, armes Herz mit deinem großen, edlen, erhabenen, schönen und reichen Herzen. Ich bin die Erzeugnisse meines kranken Herzens hier leid und möchte mich wieder aufraffen, wenn ich in mir das deine spüre. Wie anders sähe ich dann die Welt! Welch herrliche Neuheit in allen Dingen! Welch ein Elan dem Vater gegenüber! Welch ein Erbarmen mit meinen Brüdern!

Schenk mir diese Gnade, Jesus. Wenn du zu mir kommst, neige dich ganz, ganz tief zu mir und mach es wie gewisse fleischfressende Pflanzen, die die Mücken umfangen, in sich aufnehmen und auflösen.

Nimm diese arme Mücke in dich auf, mach mich zu deiner Substanz, zu deinem Leben.

Ich in dir für immer.

Über die vom Vater aus Liebe erschaffene und durch das Dazwischenkommen der Sünde zugrunde gegangene Welt erschallt eine Stimme: „Geh du!"

Und es beginnt die Sendung Jesu. Vom Vater her nimmt also die Geschichte ihren Anfang, und die vorausgehenden Jahrhunderte sind nur eine Vorbereitung, die nachfolgenden eine Auswirkung dieses Auftrags. Jesus wird gesandt: „Geh du!" Armer Kleiner, wie spürte er immer wieder das innere Echo dieses Befehls. In Ägypten bei seiner Rückkehr. In Nazaret. „Geh du": Das wäre ja die Erklärung für die Ausreiß-Episode Jesu und für die harten, an Maria und Josef gerichteten Worte.

Geh du!

Sein ganzes Leben war nur ein Meditieren über diese Sendung, ein Sich-Vorbereiten, ein Aufmerken, ein Bedenken, ein Erforschen des Vaterwillens in den tiefen Abgründen des Wahren. Das ist die Grundhaltung Jesu, seine Sorge, seine dauernde Begierde, *es ist die Stimmigkeit in allem, was er tut.*

Möge Gott von dir damit beschenkt werden, daß du diese Haltung, die Jesus im Leben verwirklicht hat, begreifst, lebst und goutierst. Geh du! Wie würde sich alles ändern! Im Licht dieses Gedankens geraten doch meine früheren Irrtümer ins Tanzen! Habe ich so gesucht? Habe ich so empfunden? Deshalb bin ich ja vom Weg abgekommen.

Geh du.

Herr, laß mich in Anbetracht der Verdienste seines Gehorsams auch zu solch einer Haltung, zu solcher Demut, solchem Gehorsam und solch einem Bewußtsein gelangen. Man hat den Eindruck, daß in jedem Augenblick der erste Gedanke die Frage nach deinem Wollen als dem Ursprung jeden Gebotes, als der Wahrheit in jedem Tun, als der Fruchtbarkeit bei jedem Werk ist.

Geh du!

Jetzt trennen mich noch vier Monate von meiner Profeß, was besagt, daß schon gut acht Monate vorbei sind, seit ich mein Noviziat begonnen habe. Für mich war das ein Lebensabschnitt von entscheidender Bedeutung, ein wirklich kostbares Geschenk der Vorsehung. Abgesehen von meiner Zukunft und meiner Berufung, daß ich hier von meiner Vergangenheit wirklich abgeschnitten gelebt und die Chance einer genauen Überprüfung meines Lebens gehabt habe, hat mächtig zum geistlichen Wiedererstarken meiner Seele beigetragen. Am typischsten dafür ist, wie mir scheint, beten gelernt und ein vertrauteres Verhältnis zu Gott erlangt zu haben. Der Glaube an Christus ist gewachsen, und vor allem ist die Liebe zum Vater größer geworden. Ich muß sagen, daß ich begonnen habe, mich als *Kind Gottes* zu empfinden und die Grundvoraussetzungen für den Geist des Kindseins zu schaffen. Noch ein großer Vorteil hat darin bestanden, die der Apostolatsprobleme, die ich mir angewöhnt hatte, beträchtlich geändert zu haben. Zweifellos *ist Gott* mir und der Welt *unmittelbar gegenwärtig*.

Im Streben nach Vollkommenheit höre ich in mir immer wieder den Tadel, den Jesus den Pharisäern erteilt hat: „Ihr mußtet . . . doch Treue, Barmherzigkeit und Gerechtigkeit habt ihr außer acht gelassen" (Mt 23,23 b). Noch gestern abend habe ich Carlo, so laut ich konnte, zugerufen: „Heuchler!", und mein Geist wurde sehr verlegen.

Meine derzeitige Bitte an den Herrn ist einfach! *„Gib mir ein anderes Herz"*, setz mir das deine statt des meinen ein. Das ist der einzige Weg, die Probleme an der Wurzel zu lösen, und mir scheint, daß man das Sakrament öfter als nur einmal wirken lassen muß.

Sodann muß ich noch eine Schlußbemerkung anfügen. Immer stärker und in immer größerem Maßstab empfinde ich die Liebe als das Kernproblem bei Gott und den Menschen. Sie ist wirklich das, was alles bewegt, der Schlüssel zu allen Rätseln, der Drang zu allem Guten. Gott ist ein Gott der Liebe, der Himmel ist beseligende Liebe, Ziel wie auch Ausgangspunkt ist die Liebe. In diesem Licht präsentieren sich denn auch die Schöpfung, die Menschwerdung, der Tod Jesu, die Eucharistie, die Versöhnung der Seelen und ihre Verherrlichung.

Deus caritas est (1 Joh 4,8).

18.–19. August

Stille Einkehr auf der Paßhöhe: unvergeßliche Tage. Thema: das unablässige Gebet. Ich habe um die Gnade gebeten, *24 von 24 Stunden beten* zu können. Dahin zu kommen, nie die Verbindung mit Gott zu verlieren. Ausführliche Erwägung über *„das Leben mit Jesus am Herzen des Vaters"*. Die beiden Komponenten der Erwägung zu einer einzigen zusammenfassen und zum Lebensprinzip machen. Das ist der Punkt, an dem spontan das Gefühl *wahren Gottvertrauens als des eigentlichen Wesens von Glaube, Hoffnung und Liebe* aufbricht. Wie ist es übrigens möglich, sich in Dingen, die sich so unserem Erkennen entziehen, zurechtzufinden? Deshalb muß man ja die schlimme Wurzel des Dünkels, des Ich, das sehen will, wohin es geht, und sonstiger Faktoren dieser Art ausreißen: sie alle sind vom Stolz vergiftet. Auch hier ist die völlige Selbstentäußerung die vernünftigste und der Situation des Kindes in den Armen des Vaters gemäßeste Haltung.

12. Sonntag nach Pfingsten

Was steht im Gesetz? Was liest du dort? „Du sollst den Herrn, deinen Gott, lieben mit ganzem Herzen, mit all deiner Kraft und all deinen Gedanken und deinen Nächsten wie dich selbst" (Dtn 6,5). Tu das, und du wirst leben.

Um das Leben zu haben, das Gott selbst ist, muß man lieben. Dazu sind alle berufen, es ist auch meine Berufung. Ich habe sie vom Herrn erbeten, bitte um sie und werde immer wieder um sie bitten: Ich will sie in mir verwirklichen. Ich will jedesmal leiden, wenn ich vom Gebet Abstand nehme, von ihm. Das ist die Gnade, um die ich ihn gebeten habe, die er mir in seiner Liebe gewähren muß. Übrigens ist er es ja, der das will, und ich tue nichts anderes, als ihn um seinen Willen zu bitten. Ich will, Herr, deinen Willen, damit du den meinen tun kannst. Das ist das Liebesspiel. Gott weckt in uns Vorlieben, die seine Vorlieben sind, dann läßt er uns um sie bitten, und indem er sie uns gibt, stellt er uns zufrieden und tut das, worauf er nicht verzichten kann: seinen göttlichen Willen. So geht's in der Liebe.

Gott, mein Gott, laß mich immer deinen Willen erkennen; dann laß mich brennend nach ihm verlangen, und gib ihn mir schließlich, damit du in ihm verherrlicht wirst.

Dann werde ich selig sein, wie du in deiner Thronrede so ergreifend sagst (Mt 5,1–12).

Selig die Armen im Geiste;
denn ihnen gehört das Himmelreich.
Selig die Trauernden;
denn sie werden getröstet werden.
Selig, die keine Gewalt anwenden;
denn sie werden das Land erben.
Selig, die hungern und dürsten nach der Gerechtigkeit;
denn sie werden satt werden.
Selig die Barmherzigen;
denn sie werden Erbarmen finden.
Selig, die ein reines Herz haben;
denn sie werden Gott schauen.
Selig, die Frieden stiften;
denn sie werden Söhne Gottes genannt werden.
Selig, die um der Gerechtigkeit willen verfolgt werden;
denn ihnen gehört das Himmelreich.
Selig seid ihr, wenn ihr um meinetwillen beschimpft und verfolgt werdet, denn euer Lohn wird groß sein.

Selig
1. die Armen
2. die keine Gewalt anwenden
3. die Trauernden
4. Hunger und Durst nach der Gerechtigkeit
5. die Barmherzigen
6. die ein reines Herz haben
7. die Frieden stiften
8. die Verfolgten

Das ist das Profil des Sohnes, des Kindes, an dem Jesus so großes Wohlgefallen hatte und das er uns nahegelegt hat, damit wir ins Himmelreich kämen.

Loslösung des Herzens von den Gütern der Erde, Nachfolge des armen Jesus, ein Leben in Armut suchen aus Liebe zu den Armen, dem Gewalttäter keinen Widerstand leisten, relativen Schmerz ertragen, gerecht sein und die Gerechtigkeit lieben, barmherzig, rein und Friedensbringer sein, aus Liebe zu Jesus Verfolgung ertragen. Mein Gott, laß mich dieses Profil deines Sohnes zu meinem eigenen machen. Ich bin so weit davon entfernt! Du kannst alles, verwirkliche in mir diese Wesenszüge, die dir so gefallen. *Ist das dein Wille? Dein Wille geschehe.*

28. August

Die ganze Welt dreht sich um eine Achse, die nicht physikalischer Art ist oder von der Menschheitsgeschichte gebildet wird: Die eigentliche Achse der geistlichen Welt ist der Vater und der Sohn.

Weg also mit allen Illusionen und trügerischen Vorstellungen. Gott zu suchen, ihn zu lieben, ihn anzubeten, bleibt die Hauptaufgabe des Menschen auf Erden. Alles andere spielt wirklich kaum eine Rolle!

Ich habe den Herrn *um das Auswechseln meines Herzens, um den Geist des unablässigen Gebetes, um die immer intimere Offenbarung seiner selbst und das Leben nach der Bergpredigt* gebeten.

Mein größter Freund im Himmel hat nicht vergessen, daß ich als Novize ein neues Leben begonnen habe, das seiner Denkweise und den irdischen Herzensneigungen seiner Frühzeit so nahekommt, und mir heute unverhofft ein Geschenk mitgebracht, ein großes Geschenk, das seiner würdig ist.

Bei der Anbetung hat er mir den entzückenden kleinen Buben aus Nazaret anvertraut, der Jesus heißt. „Paß auf ihn auf", hat er mir gesagt, „halte ihn in deiner Nähe. Gib ihm zu essen, behüte ihn nachts, deck ihn zu, vor allem hab ihn lieb!" Ich habe ihn in die Arme geschlossen und vor Liebe geweint. Er soll bei mir nichts entbehren, und ich werde immer mein Essen mit ihm teilen, so daß mein bißchen Abtötung einen Namen und eine Liebe hat.

Ich werde ihn immer an der Hand führen, und mein Leben wird das Abbild des seinen in Nazaret sein. So wird es mir leichtfallen, mir vorzustellen, wie es war, da er es sein wird, der es mir zeigt. Wir werden immer miteinander beten, der Vater und der Heilige Geist, die Mutter Maria, der heilige Josef. Ich werde mich als Burschen ansehen, den der heilige Josef in seine Werkstatt aufgenommen hat.

Mein Leben mit Jesus ständig an meiner Seite wird ein Idyll sein. Danke, Vater! Danke, Johannes der Täufer! Danke, Maria!

Vater: Als Jesus uns beten lehrte, hat er uns zuerst mit Gott in Verbindung gesetzt, den man mit dem Vaternamen anruft. Das ist die ehrwürdigste Liebesbeziehung und zugleich Erinnerung an die Familienbande, an den Geist der Kindschaft, den er so sehr geschätzt hat. „Wenn ihr nicht werdet wie die Kinder" (Mt 18, 3).

Geheiligt werde dein Name: Dich, Vater, soll man erkennen. Das wird genügen. Gib dich zu erkennen, und alle werden dir folgen, deinen Willen tun und in dein Reich gelangen. *Jesus selbst sollte dir doch später sagen: Das ist das ewige Leben, daß sie dich, Vater, erkennen.*

Unser Brot gib uns heute! Ein schlichtes, menschliches, weit von den Umständlichkeiten einer Pseudomystik entferntes Gebet. Vater, ich habe Hunger: Gib mir, was ich brauche.

Wenn es dann größer wird, merkt das Kind, daß nicht alles, was es tut, gut ist. Das Böse ist eine traurige Angelegenheit, und deshalb *vergib uns unsere Schuld, schau, wie auch wir vergeben unseren Schuldigern.* Das ist schon geschehen. Jesus ist es, der weiter sagen sollte: Mit demselben Maß ... (Mt 7,2). „Wenn ihr nicht vergebt ..."

Und führe uns nicht in Versuchung: Jesus bringt uns kein dünkelhaftes, selbstsicheres Gebet bei, im Gegenteil.

Und das Kind fühlt sich dann aufgefordert zu sagen: Ich weiß, daß ich zum Aufwachsen Gegensätze und Bewährungsproben brauche, aber ... langsam, Vater, ich bin doch klein.

Hochzeit zu Kana (Joh 2,1–11). Sie bildet die Mitte zwischen dem privaten Leben, der Familie von Nazaret, und dem öffentlichen. Erstes Bekenntnis des Glaubens an die Person Jesu seitens seiner Jünger. Zugegen ist auch die Madonna, die sich ihrem Sohn noch sehr nahe fühlt. Ihr Glaube an Gottes Macht und noch mehr an sein Denken. Ein gewaltiges Wort, das alles besagt und für sie programmatisch ist: *„Tut alles, was er euch sagt."*

Vater unser im Himmel. Wo ist Gott, wenn nicht überall? Ist denn dann nicht überall *Himmel*? Ist „überall" demnach kein *Versteck*, wo er sich verbirgt und wir ihn suchen?

Ist die ungeheure Welt der Gestirne, in der er sich verbirgt mit seiner Macht und seiner Schönheit, kein Himmel? Ist das Rätsel des unendlich Kleinen, das Atom, kein Himmel?

Ist die Blume kein Himmel? Ist die Erde mit ihrer mütterlichen Fruchtbarkeit kein Himmel? Und das Meer, und die Pflanzen? Und der Instinkt des Vogels, der, ohne den Weg zu kennen, Tausende von Kilometern zurücklegt? Alles Geschaffene ist ein gewaltiger, überaus herrlicher, lieblicher, harmonischer Himmel, in dem Gott sich verbirgt mit seiner Macht, seiner Liebe und seiner Schönheit. Vor allem mit seiner Liebe.

Und das Menschenherz? Was für ein wunderbarer und erhabener Himmel, doppelt Himmel, geheimnisvoller Himmel. Deshalb ist im Vaterunser des Evangeliums ja die Rede von „Himmeln“ und nicht vom „Himmel“. Himmel gibt es in großer Zahl, unzählige, und mir, dem Menschen, ist es gegeben, sie zu suchen und in ihnen meinen Schöpfer aufzuspüren, um ihn anzubeten, um mit ihm zu sprechen, um ihn zu „heiligen“, d. h. seine Heiligkeit zu entdecken. *Vater unser, der du bist in den Himmeln.*

3. September

Herr, gib mir ein neues Herz, gib mir dein Herz. Siehst du nicht, wie krank mein Herz ist? Egoismus, Dürftigkeit, Unreinheit, Ungerechtigkeit, Stolz, Oberflächlichkeit, das sind die Früchte aus dieser alten Wurzel, die ein Sproß aus dem schon uralten Stumpf meiner Ahnenreihe ist. Wie kann man mit einem neuen Herzen lieben? Zu Nikodemus hast du gesagt: „Man muß von neuem geboren werden“, aber wie sieht dein Plan aus, was hast du vor? Wie muß ich es machen, um den alten Menschen in den Todeskampf zu bringen und dann sterben zu lassen? Was soll ich von dieser Neuheit, die du in mir mit deiner Gnade grundgelegt hast, halten? Hilf mir, zu begreifen und – noch mehr – zu leben, was der Ratschluß deiner so innigen Liebe, was uns angeht, die wir durch dein kostbares Blut erlöst sind, vorsieht.

GOTTES PLAN

„Gepriesen sei der Gott und Vater unseres Herrn Jesus Christus: Er hat uns mit allem Segen seines Geistes gesegnet durch unsere Gemeinschaft mit Christus im Himmel. Denn in ihm hat er uns erwählt vor der Erschaffung der Welt, damit wir heilig und untadelig leben vor Gott; *er hat uns aus Liebe im voraus dazu bestimmt, seine Söhne zu werden* durch Jesus Christus und nach seinem gnädigen Willen zu ihm zu gelangen, zum *Lob seiner herrlichen Gnade. Er hat sie uns geschenkt in seinem geliebten Sohn;* durch sein Blut haben wir die Erlösung, die Vergebung der Sünden nach dem Reichtum seiner Gnade. Durch sie hat er uns mit aller Weisheit und Einsicht reich beschenkt und hat uns das Geheimnis seines Willens kundgetan, wie er es gnädig im voraus bestimmt hat: Er hat beschlossen, die Fülle der Zeiten heraufzuführen, *in Christus alles zu vereinen, alles, was im Himmel und auf Erden ist"* (Eph 1,8–10).

Wie soll dieser Plan nach dem Verrat des Menschen Wirklichkeit werden? Wie kann man dieses Neue auf dem alten, verwilderten Wurzelstock der Menschheit sprossen und wachsen lassen? Er wird es Nikodemus sagen: *„Wenn jemand nicht aus Wasser und Geist geboren wird, kann er nicht in das Reich Gottes kommen"* (Joh 3,5). Man muß also von neuem geboren werden, und das unmißverständlich: „Allen, die an seinen Namen glauben, *gab er Macht, Kinder Gottes zu werden, denen, die nicht aus dem Blut, nicht aus dem Willen des Fleisches, nicht aus dem Willen des Mannes, sondern aus Gott geboren sind"* (Joh 1,12 f.).

Das ist eine echte Wiedergeburt, zu der allerdings weder der Mann noch die Frau etwas beitragen können. *Die neue Zeugung stammt von Gott selbst,* und ihre geistliche Frucht ist ein *Kind Gottes.*

So beginnt ein neues Leben; es ist ein Sohn, der Gott geboren wird, ein Adoptivkind des Allerhöchsten, dazu bestimmt, aufzuwachsen, *„um an Wesen und Gestalt seines Sohnes teilzuhaben, damit dieser der Erstgeborene von vielen Brüdern sei"* (Röm 8,29).

Wie das geschehen soll, gehört zum Geheimnis der Gnade, die durch den Heiligen Geist in uns ausgegossen ist.

Wie kann man sich das vorstellen? Jesus vergleicht es mit dem Leben eines Weinstocks, Paulus mit dem Lebenssaft eines Leibes. Es bleibt ein Geheimnis, und obgleich die Vorstellung vom Aufpfropfen auf den alten Ölbaum uns eine Verstehenshilfe sein mag, der Gedanke an das Feuer, das das Eisen in eine neue Form bringt, uns Bilder liefert, entzieht es sich uns, da alles, was diese Gotteskindschaft in uns bedeutet, unseren Horizont unendlich übersteigt.

Der heilige Johannes, der mit Paulus vielleicht derjenige war, der dem Geheimnis am nächsten gekommen ist, definiert dieses neue Leben als *„ewiges Leben"*.

„Wer an mich glaubt, wird das ewige Leben haben", und um zu zeigen, was dieses ewige Leben bedeutet, bedient er sich derselben Worte, die Jesus an den Vater gerichtet hatte: „Das ist das ewige Leben: dich, den einzigen, wahren Gott, zu erkennen und Jesus, den du gesandt hast" (Joh 17,3).

Es ist also ein Leben, das sich mit einer immer tieferen Gotteserkenntnis entfaltet.

Und wieder sollte es Johannes sein, der in der unvergeßlichen Nacht der Liebe und des Verrates diese Entfaltung zur Sprache bringt.

„Wer meine Gebote hat und sie hält, der ist es, der mich liebt; wer mich aber liebt, wird von meinem Vater geliebt werden, und auch ich werde ihn lieben und mich ihm offenbaren" (Joh 14,21).

Jesus selbst wird sich dem Adoptivkind Gottes zeigen und in dieser Offenbarung seiner selbst den Vater offenbaren, denn „wer mich sieht, sieht den Vater" (Joh 14,9).

Die wachsende Zahl solcher Offenbarungen hat ihre Wirkung und läßt den an Kindes Statt angenommenen Sohn dem Bild des Sohnes Gottes „von Natur aus", Jesus, immer gleichförmiger werden.

Das ist der Weg.

Seitens der Seele meldet sich da Ungeduld: „Mir wurde ein Stachel ins Fleisch gestoßen, ein Bote Satans, der mich mit Fäusten schlagen soll, damit ich mich nicht überhebe" (2 Kor 12,7).

„Dreimal habe ich den Herrn angefleht, ihn von mir wegzunehmen. Er aber antwortete mir: Meine Gnade genügt dir; denn sie erweist ihre Kraft in der Schwachheit. Viel lieber also will ich mich meiner Schwachheit rühmen, damit die Kraft

Christi auf mich herabkommt. Deswegen bejahe ich meine Schwachheit, alle Mißhandlungen und Nöte, Verfolgungen und Ängste, die ich für Christus ertrage; denn wenn ich in Bedrängnis bin, bin ich stark" (2 Kor 12,8 ff.).

Das aber ist genau das, was ich brauche, so darauf bedacht, Jesus zu bitten, Bedrängnis, Schwäche und Krankheit von mir zu nehmen.

Wann werde ich endlich begreifen, daß Bedrängnis der eigentliche Zustand des Menschen ist? Und daß ich sie annehmen, lieben und als Opfer anbieten muß? Wann werde ich mich meiner Schwachheiten rühmen? Wann werde ich sie bewußt annehmen und sie Christus anbieten, damit er etwas daraus macht?

Das ist es, was er vom Menschen will. Er ist doch der Schöpfer, der Neuschöpfer, der Allmächtige. Sein ist die Kraft, die Größe und die Vollkommenheit. Gott „ist dazu da", ist der *„Wiederhersteller"*, der Arzt. Was sollte ein Arzt tun, wenn die Krankenhäuser leer stünden? Er braucht voll belegte Krankenhäuser. Je schwerer der Fall ist, um so mehr ist er der *seine*, je komplizierter er ist, um so heller strahlt sein Können.

Gott, gib mir die Gnade, das zu *begreifen*, zu lieben und zu akzeptieren.

4. September

Kommt es darauf an, Gott zu loben oder zu lieben? Vor allem *zu lieben*, das ist sicher. Aus dieser Liebe ergibt sich dann das Lob als Antwort.

Und warum – so habe ich mich heute gefragt – will Gott, daß wir ihn lieben? Macht er das zum Gebot, zum ersten? Die Antwort darauf ist mir heute klargeworden. Weil er uns in seine Familie aufnehmen will, und wie kann man ein Familienleben führen ohne Liebe? Es ist die Liebe, die verbindet, zudeckt, erklärt und begreift. Es ist die Liebe, die Frieden, Freude, Fröhlichkeit und ein Gefühl von Ewigkeit schenkt. Es ist die Liebe, die aufbaut, befruchtet und belebt. Sie ist alles: sie ist Gott selbst. Sie ist sein innerstes Geheimnis. Sie ist sein Leben.

Daraus ergibt sich alles andere. Was nutzt es, die ganze Welt zu erobern, wenn man dieser Liebe mißfällt? Sich zu plagen, zu sterben, selbst für das Gute, wenn es nicht für diese Liebe geschieht? Diese Liebe wird sein Wille. Seinen Willen zu tun, heißt, dieser Liebe zu genügen.

Das also ist der Mittelpunkt, den dein Leben zusammenhält! Ihn muß man unter allen Umständen erreichen und darf ihn, ist er einmal erreicht, nicht mehr verlieren: den Willen Gottes, das heißt, Gottes Liebe.

Herr, gib mir deine Liebe. Ich bitte darum im Namen deines Sohnes Jesus. Gib mir einen ganzen Abgrund davon. Alles andere zählt dann nicht mehr. Laß mich aus Liebe leben und – noch mehr – aus Liebe sterben. Laß mich vor Liebe brennen wie einen von den Flammen umloderten Widder auf einem Opferaltar der alten Zeit, außen und innen, von Liebe durchtränkt, wie Jesus am Kreuz. Erbitte ich da zu viel von dir? Ich kann von dir nur erbitten, was du willst, deinen heiligen Willen, wie er sogar in deinem Gebot zum Ausdruck kommt: „Du sollst den Herrn, deinen Gott, lieben mit ganzem Herzen und ganzer Seele und all deiner Kraft." Herr, tu in mir deinen Willen: gib mir deine Liebe, so, so, so, so, so sehr.

8. September

Bis zum Fest Mariä Namen muß ich innerlich soweit sein, mich ganz dem Willen Gottes hinzugeben. Dieser Gedanke war die Frucht beim heutigen Gebet.

Vigil des Festes Mariä Namen

Der Gedanke, zum Fest der Gottesmutter die Hingabe meines Willens vorzubereiten, scheint mir wirklich eine Eingebung gewesen zu sein. An all diesen Tagen hat dieser Gedanke im

Mittelpunkt der Anbetung gestanden, und heute, da ich zur Hingabe bereit an der Vigil angelangt bin, würde ich ihn denn im Rahmen der Anbetung so formulieren:

Mein Gott, hier bin ich nun in deiner Gegenwart. Ich bin ein kleines und erbarmungswürdiges Ding, aber ich bin dein Geschöpf. Was ich an Gutem in mir trage, hast du in deiner Liebe hineingelegt, was schlecht ist, sind meine und die Sünden meiner Väter schuld.

Du hast mich aus Liebe erschaffen, wie du aus Liebe die ganze Welt erschaffen hast. Du bist die Liebe. Dein Plan war von deinem Vatersein diktiert, und du hattest ihn schon bei der Schöpfung vor Augen. Uns alle hast du in Christus gesehen, und wie gedrängt von der herzerfreuenden Schönheit dieses, deines Vater-Sohn-Verhältnisses zu ihm, hast du auch uns an diesem Verhältnis teilnehmen lassen wollen und uns in ihm an Kindes Statt angenommen. Es war eine Familie, die du gegründet hast. Daher auch das erste Gebot: „Du sollst den Herrn, deinen Gott, lieben mit ganzem Herzen, mit ganzer Seele und mit all deiner Kraft" (Mt 22,37).

Das war selbstverständlich: das Familienlieben beruht auf der Liebe und wäre ohne sie unmöglich. Das also ist der Grund für dein Liebesgebot: „Du sollst lieben." Ja, Vater, wir müssen dich lieben, weil das gut ist, weil es schön ist, weil es froh macht. Dich zu lieben, ist das ewige Leben, ist das Band dieser Familie, die du geschaffen hast und für alle Zeiten zu eigen haben willst.

Steht das erst fest, folgt daraus das erste von der Liebe abgeleitete Gesetz: „Den Willen des Geliebten tun." Wir müssen deinen Willen tun, weil das der einzige Beweis für unsere Liebe und sogar ein Quell weiterer Liebe ist.

In dieser Überzeugung, Vater, trete ich vor dich hin und sage dir: Ich will für immer deinen Willen tun. Ich will, daß er die feste Richtschnur für mein Leben ist, der Kompaß für meinen Weg, der Ansporn für mein Tun.

Aber da er weder artikuliert und noch weniger motiviert

wäre, muß ich im Besitz deiner Liebe sein. Um sie bitte ich dich in der Gewißheit, deinen Willen zu erbitten: Vater, gib mir deine Liebe, und ich gebe dir meinen Willen. Ein bißchen liebe ich dich schon; mach aus diesem Bißchen unendlich viel, dann reicht es mir.

Ich weiß, daß ich um etwas Gutes bitte, weiß, daß meine Bitte richtig ist, doch du selbst bist es, der mich zu dieser Erkenntnis geführt hat. Die Liebe ist alles. Die Liebe ist der Schlüssel zu allen Geheimnissen, die Lösung aller göttlichen Rätsel, das, was dich bei all deinem Tun bewegt. Die Liebe bist du, die Liebe und das ewige Leben.

Aus Liebe bist du der Schöpfer, und als göttlicher Künstler hast du deine Schöpfung mit Wohlgefallen betrachtet. Du liebst diese Schöpfung. Sie ist keine Naturgesetzlichkeit, sie ist eine Sittengesetzlichkeit, und du hast in deine Schöpfung den Drang zum Guten gelegt, denn du bist heilig. Deine Schöpfung, die ganze Welt, ist wirklich etwas Heiliges. Du bist der Heilige, denn du willst das Gute, und deine Heiligkeit ist dein Drang zum Guten, denn das Gute ist die Frucht der Liebe. Wir haben dein Meisterstück mit unserem Ungehorsam ruiniert, und du hast Jesus gesandt, das zertrümmerte Werk wieder in Ordnung zu bringen. Die Reparatur ist sogar eine neue Schöpfung gewesen und hat an Schönheit das erste Werk übertroffen. Du bist wirklich die Liebe.

So drängt denn alles dem Schlußakt zu: der Verherrlichung, der Vereinigung der ganzen Schöpfung in Christus, dem großen Familienleben, das du gewollt hast.

Ich bitte dich somit um das Geschenk dieses neuen Lebens – deine Liebe – und gebe dir dafür meinen Willen. Du kennst mich und weißt, daß ich ein Nichts bin. Es ist also zwecklos, daß du zuerst meinen Willen haben möchtest. Zu oft habe ich dir bewiesen, daß ich nicht will. Gib mir also deine Liebe, und ich bin sicher, daß ich aus Liebe tun werde, was du willst. Das ist mein Beruf, du weißt es. Wie Petrus bin ich bereit, mich ins Wasser zu stürzen, wenn ich dich sehe, aber auch bereit, zu sagen: „Ich kenne ihn nicht", wenn die Kälte der Nacht die Liebe hat erkalten lassen.

Gott, du kennst mich – laß mich nicht mehr hinfallen. Halte mich immer liebevoll fest. Ich werde dir gehören. Übrigens sind es die Wahrheit und meine Selbsterfahrung, die mich davon überzeugt haben, daß ich ein armes Ding, ein verrostetes Stück Eisen bin.

Aber deine Liebe, die ich jetzt auch kenne, hat mich einsehen lassen, daß auch verrostetes Eisen im Feuer feurig wird. Das ist ja die Lösung des Ganzen, *das Feuer.* Es wird an meinem stinkenden Ofen die Tür schließen, so daß man den verpestenden Qualm nicht mehr riecht. Es wird das Eisen umschmelzen, es wird diesem elenden Gebilde, meinem Sein, Wirklichkeit verleihen. Willst du, Herr? Schließen wir den Vertrag? Gib mir deine Liebe, und ich gebe dir meinen Willen, restlos.

Dein Carlo.

Stigmatisierung des heiligen Franziskus

Die Gaben treffen immer genau zum rechten Datum ein und . . . außerdem noch, wenn man nicht damit rechnet. Nach ein paar Tagen der Trockenheit hat der Herr sich heute während der Anbetung machtvoll und taktvoll bemerkbar gemacht. „Es ist Zeit, den totalen Kampf gegen dein Ich aufzunehmen", hat er mir gesagt und mir den erbarmungswürdigen Zustand meiner Seele gezeigt, die immer auf der Suche nach sich selbst ist.

Wie hell leuchtet doch seine Wahrheit, wenn es die seine ist!

Wie stößt man doch auf die Irrtümer, wenn er sie freilegt! Mein Gott, laß mich nicht im Stich, denk an den Vertragsabschluß. Du weißt, daß ich mich dir anvertraut habe. Wie spüre ich jetzt, daß ich ohne dich nichts bin, absolut unfähig, auch nur das geringste Gute zu tun!

25. September

Ziemlich leere Tage, abgesehen von ihrer Bereicherung durch ein tieferes Bewußtsein meiner Erbärmlichkeit.

Auf die ganz deutliche Aufforderung zum Kampf gegen das Ich habe ich mit tagelanger Flucht und Zerfahrenheit reagiert. Meine Frömmigkeit ist zu gefühlsgebunden und, was viel schlimmer ist, immer auf der Suche nach innerem Wohlbehagen.

Ich muß mich mutig den Punkten stellen, die in dieser letzten Zeit aufgetaucht sind, und sie in die Tat umsetzen:

1. Gottergebenheit.
2. Kampf gegen das Ich.
3. Bewußtes Ja zum Kreuz.

Wenn es mir gelingt, den Willen zum tragenden Pfeiler meiner Frömmigkeit zu machen und sie mit dem Maßstab des Kreuzes zu messen, ist das zweifellos ein so großer Schritt, wie ich ihn noch nie im Leben getan habe.

Gott helfe mir mit seiner Gnade!

Bibelstellen zum Opfer und zum Kampf gegen das Ich

Selig die Armen.
Selig die Trauernden.
Selig, die hungern und dürsten nach der Gerechtigkeit (Mt 5,3 f. 6).
Wer mir nachfolgen will, der verleugne sich selbst (Mt 16,24).
Der Größte bei euch soll euer Diener sein (Mt 20,26).
Wer bei euch der Erste sein will, soll der Letzte von allen und der Sklave aller sein (Mk 10,44).
Wenn dich deine Hand zum Bösen verführt, hau sie ab (Mt 5,30).
Wenn das Weizenkorn nicht stirbt . . . (Joh 12,24).
Wer an seinem Leben hängt, verliert es; wer aber sein Leben geringachtet, wird es bewahren bis ins ewige Leben (Joh 12,25).

Diesen Schatz tragen wir also in irdenen Gefäßen; so wird deutlich, daß das Übermaß der Kraft von Gott und nicht von uns kommt. Von allen Seiten werden wir in die Enge getrieben und finden doch noch Raum; wir wissen weder aus noch ein und verzweifeln dennoch nicht; wir werden gehetzt und sind doch nicht verlassen; wir werden niedergestreckt und doch nicht vernichtet: immer tragen wir das Todesleiden Jesu an unserem Leib, damit auch das Leben Jesu an unserem Leib sichtbar wird (2 Kor 4,7 ff.).

... bei Ehrung und Schmähung, bei übler Nachrede und bei Lob. Wir gelten als Betrüger und sind doch wahrhaftig; wir werden verkannt und doch anerkannt; wir sind wie Sterbende, und seht: wir leben; wir werden gezüchtigt und doch nicht getötet; uns wird Leid zugefügt, und doch sind wir immer fröhlich; wir sind arm und machen doch viele reich; wir haben nichts und haben doch alles (2 Kor 6,8 ff.).

Ich will mich nicht rühmen, höchstens meiner Schwachheit (2 Kor 11,5).

Wohl wurde er in seiner Schwachheit gekreuzigt, aber er lebt aus Gottes Kraft. Auch wir sind schwach in ihm, aber wir leben mit ihm aus Gottes Kraft (2 Kor 13,4).

Ich bin mit Christus gekreuzigt (Gal 2,19).

Es sei mir fern, mich zu rühmen, es sei denn des Kreuzes Jesu Christi, unseres Herrn, durch das mir die Welt gekreuzigt ist und ich der Welt (Gal 6,14).

Um ihn zu erkennen und die Macht seiner Auferstehung und die Gemeinschaft mit seinen Leiden; sein Tod soll mich prägen (Phil 3,10).

Ich ergänze in mir, was an den Leiden Christi noch fehlt (Kol 1,24).

26. September

Heute morgen habe ich das Herz des Vaters geküßt und die Stimme des Sohnes gehört. Das Herz des Vaters ist dasselbe wie das Herz des Sohnes. Dieselbe Liebe. Ich habe nachgedacht über meine Berufung, das Leben des Jesuskindes zu führen, seinen Gefühlen und seinen Gebeten auf den Grund zu gehen. Welch eine Schönheit! Alle Seligkeiten bringen dieses Herz des kleinen Kindes zum Klopfen. Die Armut, die Sanftmut, die Reinheit, die Trauer, der Durst nach Gerechtigkeit, der Friede, der Schmerz.

Ich habe das Jesuskind den Berg hinaufgehen sehen, wo Abraham sein Opfer darbringen sollte. Jesus ist an Isaaks Stelle getreten. Oben angelangt, hat der Vater mit dem ganzen Zorn zugeschlagen, der der Sünde gebührte.

Auf dem armen Kind lag die Maske aller Sünden der Menschheit.

Armer Jesus! Armer Vater! Du hast nicht gewollt, daß Abraham Isaak erschlüge, aber du hast deinen Sohn erschlagen.

Welch ein Unmaß an Liebe zu uns! Um welchen Preis für Vater und Sohn! Unermeßlichkeit der göttlichen Liebe! Aber ich habe den Schmerz Jesu gespürt. Es war nicht nur der physische Schmerz der Schläge, es war der Anblick der verzerrten Miene des Vaters und der grauenhafte Preis für die Sünde, die er sich aufgeladen hatte. So gesehen, wurde Psalm 22 lebendige Wirklichkeit. Er war Jesu Gebet.

O Gott, gib mir deine Liebe, gib mir Gespür für dein Kreuz! Laß mich aus Liebe sterben!

Das Leben des Jesuskindes führen.
So beten, als wäre ich an seiner Stelle.
In seinem Namen handeln.
Den Vater lieben wie er.

Heute habe ich vor dem Allerheiligsten den Wunsch verspürt, Gott als die Kraft anzurufen, aus der ich für meine Schwachheit schöpfen möchte. Dann habe ich ihn Sonne genannt und bin in ihren Strahlen erglüht. Dann kam die Litanei, und ich habe ihn angeredet als Himmel – Luft – Wind – Stern – Firmament – Meer – Land – Blume – Acker – Brot – Wein – Öl – Korn – Baum und nicht mehr aufgehört, weil alles, was er erschaffen hat, etwas von ihm, von seiner Schönheit, seiner Güte und seiner Liebe besaß.

Mach mich zu deinem Sohn, o Vater. Mach mich zum Sohn, o Sohn. Mach mich zum Sohn, Heiliger Geist.

Ich möchte als dein Sohn in deinem Haus leben, o Vater, von deinem Brot essen, deinen Wein trinken und mich deines Friedens erfreuen. Im Sohn werden, wenn es ein echter Sohn ist, alle Seligkeiten wirklich: Armut, Sanftmut, Friede, Trauer, Gerechtigkeit und der Durst, für den Vater zu leiden.

Vater, mach mich zum Sohn; Sohn, mach mich zum Sohn; Heiliger Geist, mach mich zum Sohn.

7. Oktober

Wenn ich in einem einfachen, aber passenden Bild das ganze Wirken Gottes zusammenfassen wollte, würde ich es mit dem Bau und dem Leben eines Bauernhofes vergleichen.

Ein Hügel, ein Weinberg, ein Olivenhain, Äcker, ein paar Wiesen, eine Hecke.

Auf dem Hügel ein altes Bauernhaus, einfach und geräumig, luftig und nach Brot duftend. Das Haus des Vaters, das Haus des Brotes.

Und das ist das Haus, in dem ich meiner Berufung zufolge das Leben eines Sohnes führen soll.

Die Hausordnung für alle Bewohner? Die Liebe, die Einfachheit, der Glaube an den Vater, die Arbeit, die Bruderliebe, der Friede, vor allem der Friede, tiefer Friede.

Mir fehlt nichts von dem, was Leben spendet: Brot, Wein, Öl. Aber mehr noch als alles andere die Liebe meines Vaters. Wie total ist doch diese Liebe; wie keine andere zur Wiederaufnahme derer bereit, die sich ihr entziehen, ist sie die humanste, die ungezwungenste und willkommenste.

Bei der Wahl zwischen seiner und unserer Liebe hat Gott sich für dieses Modell entschieden:

Gott hat es sich zu eigen gemacht: Unser Vater.

Er hat es zur Norm des Betens gemacht: Vaterunser.

Verwandtschaftsgrad: unser; *ewiges Echo der Liebe:* Vaterunser.

23. Oktober

Zeit der falschen Injektion, Zeit der Prüfung, Zeit des Glaubens, Zeit der Schmerzen, Zeit des Betens.

Das sind denn die Gedanken dieser Zeit.

Jesus ist *Gottes Demut.*

Gott, der die Liebe ist, steigt zu mir herab in einer Bewegung, die vom Ratschluß seiner unendlichen Demut bestimmt ist: „Lernt von mir, denn ich bin sanftmütig und demütig von Herzen" (Mt 11,29).

Die Demut ist tatsächlich eine der geheimnisvollsten und verborgensten Eigenschaften der unendlichen Vollkommenheit Gottes. Nur die Liebe kann sie begreifen, und außerhalb ihres Bereiches ist es unmöglich, so etwas zu akzeptieren. Niemals könnte ein Moslem so etwas begreifen. Für uns, die wir der Liebe geglaubt haben, ist es der größte Erweis innig vertrauter Zuneigung.

Sich entäußern, keine Rücksicht mehr auf sich selbst nehmen, sich ganz zurücknehmen, sich ganz, ganz klein machen: das ist es, wozu Gott uns mit seiner Kraft erfüllen und in uns wirken möge.

Außerdem ist es das Leben des *Sohnes,* das Leben des Kindes, das Jesus uns angeraten hat, damit wir in das Reich Gottes gelangen.

Nur das unscheinbar Kleine kann die Seligpreisungen in ihrer Fülle leben, denn nur wer klein ist, ist arm, sanftmütig, durstig, hungrig, barmherzig und fähig, sich ganz für die Gerechtigkeit und den Vater hinzugeben.

In diesen Tagen der Prüfung ist in meiner Seele die ganze Labilität und Anfälligkeit meines geistlichen Gebäudes wieder zutage getreten. Wie weit bin ich doch vom echten Glauben entfernt, der auch nicht einen Augenblick die Ruhe und den Frieden verliert!

Welche Mühe habe ich doch aufwenden müssen, um mich zu fügen und „ja" zu sagen!

Aber kaum hatte ich „ja" gesagt, welch ein blendendes Licht! Wie ist doch der Glaube wirklich der größte Ergebenheitserweis dem Schöpfer gegenüber! Sich ganz eingetaucht wissen in die von Liebe erfüllte Atmosphäre Gottes, von den sichtbaren Dingen keinen Begriff mehr haben im hellen Licht der unsichtbaren. Glauben, glauben, glauben, immer glauben, allem zum Trotz glauben und lieben ungeachtet der Eiseskälte, die einen in der Einsamkeit und im Gefühl der Verlassenheit von Gott und den Menschen packt. Alles in Gott und seinem Handeln sehen, niemals an seiner Allmacht und seiner Liebe zweifeln, sich in liebendem Vertrauen seinem Werk überlassen: er ist unser Erlöser, Bruder und Vater.

Szenenbild: Sorge der im Sterben liegenden Tante[14] um Stallprobleme. Wie würdest du mit ihrer Stunde fertig werden?

Ich sehe vor mir die kranke Tante, die von Viola aus in die Heimat droben geht. Wie würdest du mit ihrer Stunde fertig

14 *Tante Paola*, Schwägerin seiner Mutter, Maria, also mit den Rovea versippt, die aus Viola San Giorgio bei Mondovi (Cuneo) stammen. Die väterliche Sippe ist aus Camerana (Cuneo); Carlo kommt immer mit Stolz auf seine Vorfahren zu sprechen: „Meine Familie hatte ihren eigentlichen Wurzelstock, ihre tiefen Wurzeln, im Hügelland der Langhe, wo mein Vater und meine Mutter ein Bauernleben geführt haben. Sie hatten in ihrem Blut die ganze Liebenswürdigkeit, die Kraft und die Religiosität dieser herrlichen Gegend" (aus: *Ich habe gesucht und gefunden*, Freiburg i. Br. [4]1989).

werden? Mit ihren Gedanken? Mit der Erde und dem Himmel – mit der Blindheit?

Es ist seltsam, wie leicht es uns fällt, bei den anderen die Möglichkeiten des Glaubens zu sehen. Aber wenn es uns trifft, werden wir blind und zittern mehr als die anderen. Und gerade dann müßte doch der ganze Mechanismus in Aktion treten, den wir für die Stunde der Prüfung geschaffen haben. Mein Gott, wie erbärmlich bin ich!

Er verbrachte die Nacht im Gebet zu Gott. Welch ein Geheimnis um das Beten Christi! Das Beten des großen, des einzigen Anbeters.

„Er erwählte die, die er wollte" (Mk 3,13): Freiheit Gottes. Wir denken zu wenig daran, daß wir von dieser Freiheit des Herrn und seinem Einverständnis abhängig sind.

„Die Menschenmenge versuchte, ihn zu berühren" (Lk 6,19), denn eine Kraft ging von ihm aus. Eines Tages wird eben diese Menschenmenge ihn angesichts des Problems des Glaubens im Stich lassen. Und er gebot ihnen, die Heilung nicht an die große Glocke zu hängen.

Jesus sucht nicht den Erfolg, er weiß, daß er die Massen nicht mitreißen kann, und will es auch nicht. Er kennt die alte Versuchung der Wundergläubigkeit. Ihm geht es um die Wahrheit – er weiß, daß sie sich durchsetzen wird.

Und Jesu Methode wird von Matthäus mit der Jesaja-Stelle kommentiert: „Seht, das ist mein Knecht, mein Geliebter, an dem ich Gefallen gefunden habe" (Jes 42,1). *„Er wird nicht schreien"* (Jes 42,2). Jesus verkündet die Wahrheit diskret, still. Er spielt nicht den Tribun, sucht nicht den Erfolg.

Das geknickte Rohr wird er nicht zerbrechen (Jes 42,3): göttliche Geduld des Meisters, Abwarten; ein Vorbild für unsere stolze und wenig liebevolle Hast.

Milads Deutung des Königtums Christi:

Jesus ist der vollendete Mensch. In ihm wohnt die Fülle der Gottheit. Gesandt vom Vater, ist ihm alle Macht im Himmel und auf Erden gegeben.

Er ist das Haupt, und in der Sicht des Vaters gehörten ihm alle Menschen an. Er ist wirklich ein König, aber, wie es in der Präfation heißt, sein Reich ist das Reich „der Wahrheit und des Lebens, das Reich der Heiligkeit und der Gnade, das Reich der Gerechtigkeit, der Liebe und des Friedens". Alle Völker der Erde sind in dieses Reich berufen, und Christus ist für alle gesandt.

Wo Wahrheit und Leben, Heiligkeit und Gnade, Gerechtigkeit, Liebe und Frieden ihre Stätte haben, da befindet sich sein Reich.

Wir müssen unser Denken auf den Kopf stellen, das sich hinter Vorstellungen wie „Christentum als Sekte" und „wir und die anderen" verschanzt hat, die zu anderen Zeiten einmal angebracht gewesen sein konnten, heute aber nicht mehr dem tatsächlichen Stand der Geschichte entsprechen.

Die sichtbare Kirche ist die Treuhänderin des Schatzes der ganzen Botschaft, der Gnade und der Sakramente, aber Christi Wirken beschränkt sich nicht auf sie. Jeder Mensch, der in die Welt kommt, wird von Christus erleuchtet und von ihm auf eine weit, weit herrlichere Offenbarung vorbereitet. Deshalb ist Christus König aller Völker und Herrscher aller Nationen.

Weg daher aus unserem Denken mit der Vorstellung einer Absonderung, die Haß oder wenigstens Fehleinschätzung war, Überheblichkeit, Unverstand und manchmal Unrecht und Mangel an Liebe.

Alles muß man im Licht des großen Reiches sehen, dessen gründliche Erforschung und Ausweitung in ständigem Fluß sind. Sympathie für alle Völker, Öffnung für alle Menschen, Suche nach der Wahrheit auf allen Breitengraden.

Allerheiligen 1955

Arturos Profeß. Die Seligpreisungen in der Sicht Milads; gelähmtes Bein[15] – Lektion in Demut. Die Seligpreisungen bringen zum Ausdruck, wie Gott die von ihm erschaffene und erlöste Menschheit am liebsten sähe. Auch ohne die Sünde hätte der Herr uns gesagt: „Seid arm, sanftmütig, friedfertig."

15 „Ich war nicht allzusehr in Form, und ein Krankenpfleger, der mir wohlwollte und immer einen freundlichen Blick für mich hatte, sagte mir eindringlich: Ich gebe dir eine Spritze, du wirst sehen, sie kommt dir bei dem Unternehmen zustatten.

Ja, mach's nur – sagte ich ihm.

Da spritzte er mir bei aller Liebe, die er für mich empfand, ein Gift in den Oberschenkel, das zur Sklerose führte und in weniger als vierundzwanzig Stunden mein Bein lähmte.

Er hatte sich vertan und in der Ampulle vergriffen.

Dummerweise und sozusagen ohne etwas dafür zu können, es sei denn, man wolle ihm seinen Übereifer und seine Unachtsamkeit zum Vorwurf machen, hatte er mir ein Bein gelähmt. Ich habe damals keine Träne vergossen und versucht, gute Miene zum bösen Spiel zu machen, schon damit der Krankenpfleger, der die Schuld trug und den es im Gewissen und in seinen Gefühlen schlimmer traf als mich, nicht vor Kummer durchdrehte. Ich schleppte jetzt ein Bein nach" (aus: *Warum, Herr?,* Freiburg i. Br. ⁴1989).

Carlo sollte es wegen dieses Mißgeschicks *auch beim zweiten Mal* nicht gelingen, an der „khalouá" (*siehe Anm. 7,* S. 70) teilzunehmen, und er schreibt es seinen Angehörigen am 18. Oktober 1955: „Ihr Lieben, die ‚khalouá', d. h. die Wallfahrt nach Béni Abbès, bricht morgen auf . . . ohne mich. Ich muß der vielen Arbeiten wegen, zu denen ich eingeteilt bin, hierbleiben und noch mehr, weil der Novizenmeister mich beim nächsten Mal mitnehmen will. Leider werde ich auch hier wieder zu einer Respektabilität!!! Zum Glück habe ich eine Entschuldigung, die mich demütigt: eine Spritze, wie man sie gegen Schlangenbiß verabreicht, hat mir das Bein ein wenig anschwellen lassen, und infolgedessen trägt alles, was dazwischengekommen ist, dazu bei, die große 600-km-Bewährungsprobe in der Wüste noch aufzuschieben. Ich wollte Euch gleich schreiben, weil ihr mir sonst . . . einen Monat lang mit der Ausrede: ‚Der Kerl ist ja in der Wüste', die Post sperrt. Nein, nein, ich bleibe hier, und Ihr könnt mir ohne Aufschub schreiben . . ." *(Fondo Carretto/Jesus Caritas).*

Fr. René Voillaume gibt zu dem Vorfall diese Erklärung ab: „Fratel

In jeder Seligpreisung harrt ein Geheimnis Gottes der Entdeckung, ein Geheimnis, weil die Sünde es unseren Augen tief verschleiert hat.

Selig diejenigen, die das *Herz eines Armen* haben, hat Milad in seiner Deutung gesagt, ganz wie Jesus, der ewige Lehrer jeglicher Vollkommenheit. Arm ist, wer sich nicht auf Geldmittel verläßt, wer sich niemand überlegen fühlt, wer weiß, daß alles von Gott abhängt.

Die Armut hat die Sanftmut im Gefolge, worin echte Demut zum Ausdruck kommt, und diese Demut ist der Ursprung des Hungers und Durstes nach der Gerechtigkeit.

Ist die Seele da angelangt, so dürstet sie nach Vergebung, und der Gedanke an ihre Sünden und ihre Barmherzigkeit nimmt ihr jede Lust zu richten: „Selig die Barmherzigen."

So gesehen, ist das geistliche Leben für die Seele eine Einübung in die „Reinheit des Herzens". Keine Dunkelheiten, keine egoistischen Winkel mehr: alles ist rein im Lichte Gottes.

Dann kommt die großartigste Gabe für ein Kind Gottes: Friedensbringer. Der Friedensbringer ist ein Mensch, der für

Carlo konnte an diesem langen Marsch wegen der Lähmung eines Beines nicht teilnehmen. Schuld an diesem Gebrechen war ein Versehen des Krankenbruders, der zur Behandlung einer Grippe eine intramuskuläre Injektion mit Ampullen gemacht hat, die zum Einnehmen, nicht aber für Injektionen, bestimmt waren. Außerdem ist die Injektion schlecht gemacht worden und hat den Nerv des Beines getroffen. Hin und wieder spielt Carlo auf dieses, oft schmerzhafte Gebrechen an, aber immer diskret und ohne je den Grund seines Leidens anzugeben oder den Bruder zu beschuldigen, auf dessen Fehler diese Prüfung, die ihn sein Leben lang gezeichnet hat, zurückging. Diese Lähmung ist für Carlo eine echte und rätselhafte Heimsuchung durch Gott gewesen. Es ist wie bei Jakob gewesen, der vom Engel nach einer Nacht des Ringens mit Gott an der Hüfte berührt worden war (Gen 32,25 f.). Zu Beginn seines Noviziates hatte Carlo den Wunsch vorgetragen, sein Ordensleben als Kleiner Bruder Gott zu weihen durch den Einsatz als Bergführer im Hochgebirge, um Bergsteigern in Not Hilfe leisten zu können. Solche Pläne mußte er ein für allemal aufgeben: die Vorsehung hatte andere Absichten mit ihm."

einen Menschen des Friedens den Friedensfürst selbst verkörpert und um sich herum die großartigste Gabe Gottes, des „Friedens für die Menschen", verbreitet.

Und hier wären die Seligpreisungen zu Ende, wenn es die Sünde nicht gegeben hätte. Aber diese furchtbare Wirklichkeit hat nicht nur Jesus, den vollendeten Menschen, sondern auch Jesus, den Gekreuzigten, auf die Erde gebracht.

Und so kommt es zur höchsten Seligpreisung: der Nachfolge Jesu in der Passion: „Selig seid ihr, wenn ihr um meinetwillen beschimpft und auf alle mögliche Weise verleumdet werdet ..." (Mt 5,11).

Jesus, gib mir den Geist der Seligpreisungen.

Das Gebet (Milad)

Es ist Gottsuche.

Erst die beseligende Schau Gottes in der Ewigkeit wird dem Gebet diese, für es grundsätzliche, Ausrichtung nehmen.

Das Gebet beginnt, wenn die Seele in einem tief-innerlichen Akt Verbindung zu Gott aufnimmt. Das ist ein Akt der Sammlung, und er ist wie ein Streichholz, das das Feuer anzündet. Je mehr „Selbsthingabe" solch ein Akt enthält, um so stärker und wirklicher ist er.

Also keine Fülle von Gedanken und Gefühlen, sondern Fülle dessen, was man gibt. In diesem Sinne ist das echte Gebet sogar immer nüchterner. Ein typisches Beispiel dafür ist das Gebet des Zöllners im Vergleich zum Wortschwall des betenden Pharisäers.

Auf die *Wahrheit* also kommt es an, und sie ist Gebet im ureigentlichsten Sinne und wirksamer und ehrlicher.

Ist diese Grundlage geschaffen, und hat die Seele die Verbindung zu Gott in der Haltung der Hingabe gefunden, so macht sie Fortschritte im Gebet.

Eine Methode dafür gibt es nicht, denn was hier herrscht, ist die Freiheit des Geistes. Die einen bedienen sich zur weiteren Entfaltung des mündlichen Gebetes, die anderen ziehen das innere Beten vor. Sicher darf man das mündliche Gebet nicht unterschätzen, da es auch die Hingabe der Seele ausdrücken und in diesem Sinne vervollkommnen kann.

Fest des heiligen Karl 1955

Ganz sicher hat mein heiliger Schutzpatron begonnen, sich für mich zu interessieren. Der Karlstag 1954[16] hat mir die Berufung zum Kleinen Bruder beschert. Der Karlstag 1955 hat mich mit einem tieferen Verständnis des Gebetes beschenkt. Durch Milads Worte ist mir ein starkes Licht aufgegangen. Hier sind nun die Gedanken, die Leben und nicht nur, wie früher, Bildungsgut geworden sind.

Das Göttliche Leben in uns

Das große, unermeßliche Geschenk des Vaters, das Geheimnis, das von Ewigkeit her verborgen war und uns in der Fülle der Zeiten offenbart und durch Jesu Sieg erobert worden ist, ist unsere Teilhabe am göttlichen Leben. „Denen, die an ihn glauben, gab er Macht, Kinder Gottes zu werden" (Joh 1,12).

Kind Gottes werden heißt, ein neues Leben zu führen be-

16 „Ich war vierundvierzig Jahre alt, als das passierte; und es war der ernstlichste Ruf meines Lebens: der Ruf zum kontemplativen Leben ... Diesmal mußte ich ja sagen, ohne etwas zu begreifen: ‚Gib alles auf. Deine Aktion will ich nicht mehr, ich will dein Gebet, deine Liebe.' Das war der entscheidende Ruf. Und ich habe ihn nie so begriffen wie an jenem Abend in der Vesper des heiligen Karl 1954, als ich der Stimme mit Ja geantwortet habe.

‚Komm mit mir in die Wüste.' Es gibt etwas Größeres als deine Aktion: das Gebet; es gibt eine Kraft, die mehr bewirkt als dein Wort: die Liebe!

Ohne die Konstitutionen der Kleinen Brüder Jesu gelesen zu haben, bin ich in ihre Kongregation eingetreten; ohne Charles de Foucauld zu kennen, bin ich in seine Fußstapfen getreten" (aus: *Wo der Dornbusch brennt,* Freiburg i. Br. [20]1989).

ginnen, das Leben Gottes in uns: das Leben der Kinder Gottes. Zu diesem Leben kommt man „in Christus Jesus". So sah und sieht es der Vater: er sieht uns in seinem geliebten Sohn: Jesus ist das Leben des mystischen Leibes, dessen Haupt er ist. „Ich bin der Weinstock, ihr seid die Reben" (Joh 15,5): so führt man also dieses Leben. „Wenn ihr in mir bleibt und ich in euch, könnt ihr reiche Frucht bringen, denn ohne mich könnt ihr nichts" (Joh 15,5). Wir können also sagen, daß das göttliche Leben in uns das lebendige Wasser ist, das von unserem Haupt, Jesus, seinen Ausgang nimmt und in unserem Sein zirkuliert, daß es letztlich *das Leben Jesu in uns* ist, das Leben des Sohnes, des Sohnes von Geburt. Er hat sein eigenes Gebet, sein eigenes Wirken, sein eigenes Opfer.

Und daher erhalten das *wahre Beten*, das wahre Apostolat und unser wahres Eingehen in das Leiden Christi ihr Leben. Jesus beten lassen: das ist dann das übernatürliche Gebet, auf das es ankommt; Jesus tun lassen: das ist dann das wahre, segensreiche und mitreißende Apostolat.

Das sind die Wahrheiten, nach denen sich von nun an mein Leben gestalten muß. Hier muß die richtige Auffassung vom „Klein-Sein" ansetzen, von der Nicht-Achtung *menschlicher Mittel, des Reichtums, des eigenen Tuns* und des eigenen *Seins*. Was verdient bei dem ungeheuren Mißverhältnis zwischen dem *göttlichen Leben in mir und meinem eigenen Leben* den Vorzug?

Wie muß man doch alles wieder von vorn beginnen und neu überlegen! Welcher Fehleinschätzungen hat man sich im sogenannten Apostolat schuldig gemacht! *Je riesiger die Gestalt des Menschen* im Apostel aufragt, um so weiter ist man von der Wahrheit entfernt; je mehr andererseits Jesus die Hauptperson ist, um so näher kommt man der Wahrheit. Die Begebenheit, bei der Jesus Petrus zu Kornelius schickt, zeigt, wie wahrhaft göttliches Handeln *vorgeht* (Apg 10).

Jesus, gib mir die Gnade, dein Beten, dein Tun und dein Opfer in meinem Leben zu verwirklichen.

Als übernatürlicher Organismus erlangt die von der heiligmachenden Gnade durchdrungene Seele die Fähigkeit zu übernatürlichen Akten. Das göttliche Leben in uns ist das lebendige Wasser, das dem Leben Gottes entspringt: Jesus.

Da wir aber aus Leib und Seele bestehen, bedürfen wir übernatürlicher Kräfte, die alle natürlichen Fähigkeiten überlagern: es sind das die Tugenden, vor allem die göttlichen Tugenden: Glaube, Hoffnung und Liebe. Danach kommen die anderen Tugenden: die Klugheit, die Gerechtigkeit, die Tapferkeit und Zucht und Maß, die die Reihe der übernatürlichen Kräfte vervollständigen, die die natürlichen Kräfte überlagern. *Diese Kräfte stehen uns zur Verfügung,* und wenn wir sie nicht einsetzen, bleiben sie wirkungslos wie die Ruder in einem Boot. Das Boot hat aber ein Segel, und das sind die Gaben des Heiligen Geistes. Ihr Wirken hängt allerdings vom göttlichen Wind ab und nur vom göttlichen Wind. Wo hat nun in diesem Organismus das Gebet seinen Sitz? *In den göttlichen Tugenden des Glaubens, der Hoffnung und der Liebe.* Wenn das nicht so ist, ist es kein wahres Gebet.

P. Charles de Foucauld hat das Gebet als „Denken an Gott in Liebe" definiert, und das ist eine gute Definition. Seine Methode, dabei nicht von fernliegenden Erwägungen, sondern von der *Person* Jesu auszugehen, ist immer noch die sicherste. Zum wahren Gebet gehören zwei: der Beter und am anderen Ende der Adressat des Gebetes: Gott. Dann ergibt sich die völlige Freiheit der Gebetsweise: Gefühle sprechen auch – alles ist als Zündstoff geeignet. Aber . . . es ist, wenn möglich, besser, sich des Menschlichen um des Göttlichen in Glaube, Hoffnung und Liebe willen zu begeben.

14. November

Der letzte Noviziatsmonat beginnt. Piero[17] kommt, vielleicht der eine oder andere Freund, das Bein trägt mich immer noch nicht, auf der Paßhöhe ist es kalt, usw. usw. Ich müßte mir wirklich einen Ruck zu einem schönen Endspurt dieses Lebensabschnittes geben, der zweifellos ein Gewinn war, der aber, wenn ich großherziger gewesen wäre, noch sehr viel fruchtbarer hätte sein können.

Mehr Klarheit, mehr Wahrheit, mehr Demut, mehr Liebe. Und das genügt noch nicht.

Ich setze auf Erweise göttlicher Güte, die, wie gewohnt, meine Mängel wettmachen müssen.

Übermorgen beginnt die Novene für Antonios[18] Genesung.

Aus Béni Abbès zurück (Milad)

Kernpunkt der Spiritualität Charles' de Jésus ist die persönliche Freundschaft mit Jesus und der totale Nachvollzug seines Lebens.

Kein im voraus festgelegtes Schema, das einzige Leuchtfeuer, „seinen Willen tun, seinen Willen suchen, seinen Willen anbeten" (Milad).

„Richtet nicht, denn auch ihr werdet gerichtet werden." „Warum siehst du den Splitter . . ." (Mt 7,1 ff.). Wie können wir in uns diesem schrecklichen Übel des Richtens Einhalt gebieten? Sogar Jesus fordert uns mit so starken Worten auf, kein Urteil über unseren Bruder zu fällen. Menschlich ist das

17 *Pietro Carretto* (1912), schon im Alter von sechzehn Jahren als Salesianer-Schüler nach Thailand gegangen, 1939 Priester, wird nach Verwaltung verschiedener Ämter in seiner Kongregation 1951 zum Bischof geweiht und ist heute emeritierter Bischof der Diözese Surat Thani.

18 *Antonio* = Anton Ho (1930), einer der ersten vietnamesischen Kleinen Brüder; hat etwa zehn Jahre als freiwilliger Häftling im Gefängnis von Bellechasse in der Schweiz zugebracht.

unmöglich, und nur das Wirken des Heiligen Geistes kann dieses Wunder fertigbringen. Nur wenn die Seligpreisung der Barmherzigkeit uns ganz durchdrungen hat, wird diese Meisterleistung der Liebe, das Nicht-Richten, ermöglicht.

Unsererseits bleibt es ein unlösbares Problem, und die Welt ist der Beweis dafür, auch die Welt der Frommen, in der das *Richten* das Unkraut ist, das den Acker Gottes entstellt.

Der Herr verlangt mit seiner diesbezüglichen Anweisung allerdings nicht, daß wir blind werden sollten. Über Taten müssen wir richten, über ergangene Urteile können wir richten: aber nicht über einen Menschen.

Das können wir nicht. Wir stehen vor einem Geheimnis, wenn wir uns vor einem Menschen befinden, und stehen außerdem vor noch einem tiefen Geheimnis: dem der Freiheit Gottes.

Niemand von uns kann angesichts eines Bruders um dessen Zukunft, um dessen Stärke und Heiligkeit wissen. Laue haben sich bekehrt und diejenigen übertroffen, die tugendhafter waren. Und außerdem: wer kann wissen, wie weit ein jeder verantwortlich oder schuldig ist? Der Befehl des Herrn bleibt also klar.

Aber, wie gesagt, die eigentliche Lösung zeigt der Heilige Geist, der in uns die ganze Fülle der Seligpreisung der Barmherzigkeit heranreifen läßt.

Das Licht, das diese herrliche Seligpreisung ausströmt, wirft einen hellen Strahl auf die Seele, in dem sie ihr eigenes Elend erkennt, so daß sie jedes Verlangen, den Nächsten zu richten, im Keim erstickt und einzig um Erbarmen, Erbarmen, Erbarmen bittet.

22. November (Milad)

„Werft die Perlen nicht vor die Säue" (Mt 7,6). Vor allem müssen wir die Drastik der semitischen Ausdrucksweise berücksichtigen. Sodann dürfen wir einen Ad-hoc-Vergleich nicht auf eine nicht-gemeinte Situation anwenden.

Hier empfiehlt Jesus denen, die eine Botschaft überbringen sollen, diskret vorzugehen, sich einer bestimmten Taktik zu bedienen und die Speise, die zur Verteilung kommt, auf den Magen der Hörer abzustimmen.

„An ihren Werken werdet ihr sie erkennen" (Mt 7,16). So muß man einen Menschen beurteilen: im nachhinein. Seine Werke sind es, die zählen, nicht seine Worte, und das ist eine wirklich unfehlbare Methode.

„Ein Mensch bringt aus dem Schatz seines Herzens . . . hervor" (Lk 6,45). Solange er redet, kann er auch täuschen, aber es ist schwer, sich nicht zu verraten, wenn Böses in seinem Schatz ist. Es kommt heraus. Und auf Grund dessen, was schließlich herauskommt, wird er gerichtet.

Wie zwecklos ist es, zumal bei Werken der Liebe, nur die Spitze, die zum Vorschein kommt, mit Lächeln, milden Worten oder erzwungener Geduld zurückzudrängen – echtes Pharisäertum unter Christen. Besser ist es, die Wurzel auszureißen, in der Tiefe festen Fuß zu fassen, dort, wo der Schatz eines Menschen liegt. Dann kann man wirklich Werke der Liebe tun: wenn man *sich Gewalt angetan hat,* ohne Täuschung und Hintergedanken *zu lieben.*

– Denk an das römische Unkraut!!

23. November (Milad)

Jesus bringt den Menschen einen Geist der Freiheit. Seine Botschaft bindet den Menschen an *ihn,* an seinen Geist und nicht an ein kaltes Gesetz, das immer zur Fußangel werden kann.

Und doch stellt er von allen Gesetzgebern die strengsten Forderungen und verlangt Treue bis in den Tod und das Engagement des ganzen Menschen. „Zwängt euch durch das enge Tor" (Mt 7,13). Der ganze Wille wird beansprucht, sogar in erster Linie der Wille. „Nicht wer sagt: Herr! Herr!, sondern wer den Willen meines Vaters im Himmel erfüllt" (Mt 7,21). Wenn das Gefühl der Liebe nicht mit der Bindung unseres Willens an Gott zusammengeht, müssen wir auf der Hut sein. Nur wer treu das Evangelium befolgt, gleicht dem Mann, *„der sein Haus auf Fels gebaut hat"* (Mt 7,24). Hier ist die Sicherheit der Heiligen angesiedelt, ihr Gefühl der Geborgenheit in den Stürmen, der Friede im Kampf mit dem Feind.

24. November (Milad)

Der Hauptmann ist ein Vorbild wahrer Demut (Lk 7). Er beruft sich nicht auf seine Leistungen – er hatte den Juden die Synagoge gebaut – und fühlt sich so unwürdig, Jesus zu empfangen, daß er mit seiner Bitte nicht nur nicht zu ihm hingeht, sondern, als er erfährt, daß Jesus gerade ankommt, zu ihm hinschickt mit dem Bedeuten, er solle sich nicht bemühen, da er unwürdig sei. Doch seine Demut drückt sich in Hoffnung aus – zwei Gesichter ein und derselben Haltung – und weiß, daß sie erhört wird.

So muß auch unsere eigene Demut im Durchdrungensein von dem krassen Mißverhältnis zwischen Geschöpf und Schöpfer wurzeln, in der Vorstellung von seiner erstaunlichen Absicht, uns zu seinen Kindern zu machen, und nicht nur in unserem Elend.

„Herr, erbarme dich unser."

Das Wunder der Wiedererweckung des toten Sohnes der Witwe von Nain (Lk 7,11 ff.) – kein erbetenes Wunder – sagt uns alles über das menschliche Mitgefühl Jesu.

Man muß Jesus auch als Mensch sehen, die eingehende Beschäftigung mit seiner Menschennatur, mit seiner Psychologie, ist für uns überaus wertvoll zur Vergrößerung unserer Liebe zu ihm ganz persönlich.

Letzter Tag des Kirchenjahres 1955

Willst du den Frieden? Such dir den untersten Platz.
Willst du die Demut? Such dir den untersten Platz.
Willst du die Liebe? Such dir den untersten Platz.
Willst du Jesus finden? Such dir den untersten Platz.

28. November (Milad)

Jesus wird von dem Pharisäer zu Tisch geladen. Die Sünderin tritt in die Tafelrunde und wäscht Jesus die Füße (Lk 7,36 ff.).

Wer macht mit der Liebe den allerersten Anfang? Der Mensch oder Gott? Sicher Gott, aber . . . Er tritt nur in Aktion, wenn der Mensch liebt. „Viel ist ihr vergeben worden, weil sie viel geliebt hat." Ist sie es also, die Frau, die den Anfang setzt? „Viel liebt, wem viel vergeben worden ist", ist es demnach Gott?

Geheimnis der Freiheit Gottes und der Freiheit des Menschen.

Man muß allerdings auf etwas Wesentliches aufmerksam machen. Das Christentum ist nicht für einen *guten Durchschnitt,* ein kluges Leben und eine maßvolle Tugend geschaffen. Es ist für die Exzentriker, die Extremisten und diejenigen geschaffen, die aufs Ganze gehen. Was wäre dazu nicht alles zu sagen!

Die Liebe des Pharisäers zu Jesus: bemessen, ohne Kuß, ohne Verbindlichkeit, wird sie der Liebe der Sünderin gegenübergestellt: sie ist umwerfend, echt und sicher nicht die beste, wenn sie auch in gutbürgerlichen Kreisen und bei den einfachen Leuten die meisten Anhänger hat.

„Wie soll das geschehen, da ich keinen Mann erkenne?" (Lk 1,34 ff.). Der Hinweis auf ihr Gelübde ist die einzige Stimme, die sich der Botschaft des Engels gegenüber erhebt. So gewaltig ist das göttliche Leben in uns, daß man es allen Ehren und Würden vorziehen muß, selbst der, Mutter des Erlösers zu werden. Es gibt religiöse Akte, die Ewigkeitswert und menschlichen Interessen gegenüber den absoluten Vorrang besitzen.

„Fiat mihi secundum verbum tuum" – „Mir geschehe nach deinem Wort."

Maria, deren Bedenken ausgeräumt sind, gibt nicht nur ihr Einverständnis, sie will jetzt.

Und die Geschichte sah sich vor dem größten Ereignis, das in ihrem Verlauf je hatte eintreten können: der *Menschwerdung Gottes.*

„Hoch preist meine Seele den Herrn" (Lk 1,46). Zum ersten Mal nach dem großen Ereignis preist Maria den Herrn. Ihr Lobgesang besteht vom ersten bis zum letzten Vers aus lauter Bibelstellen, was erkennen läßt, aus welchen Quellen das geistliche Leben der Jungfrau Maria gespeist wurde. Sie nennt Gott ihren Retter und stellt an der ihr erwiesenen Gnade vor allem die Barmherzigkeit heraus. Nur so kann man dem Stolz das Haupt abschlagen: alles als Frucht des göttlichen Erbarmens ansehen.

Am bezeichnendsten aber ist die Gesinnung tiefer Demut, die sich in jedem Wort niederschlägt, das mit der „Niedrigkeit seiner Magd" zu tun hat.

Hier liegt der tiefe Sinn jeder echten Gottesbeziehung. Gott stürzt sich wie ein Adler auf das, was klein, bedürftig und demütig ist. Wenn es im Menschen etwas gibt, was ihn davon abhält, ist das zweifellos Stolz, Anmaßung und Eitelkeit.

Das ist es, was uns das Magnifikat letztlich lehrt.

Wann, Herr, kommt der Tag, an dem ich keine Probleme mehr habe? Und was macht mir all die Schwierigkeiten, wenn nicht mein Stolz? Die Suche nach mir selbst? Gelänge es mir doch, die unreine Wurzel zu kappen, die aus meinem am Gift von früher erkrankten Herzen sproßt! Gott, der du die Demut bist, Gott, der du Gnadengeschenk bist, gib mir die Liebe: Gott, der du Vergebung bist, schenk mir dein Erbarmen.

Welch feine Antwort auf mein künftiges Gebet! Welch ein Licht!

Doch Herr, laß dieses Licht nicht weichen, sonst kommen meine Finsternisse wieder und beherrschen mich. Laß diese Begeisterung nicht vergehen, sonst gewinnt meine Schwäche die Oberhand.

Die Demut?

Habt dieselbe Gesinnung in euch wie Jesus . . . das ist ja die Demut, ganz und gar Demut: Jesus.

Jesus ist Gottes Demut. Seine Gesinnung im Leben zu verwirklichen heißt, endgültig in das Licht, die Wahrheit und die Demut einzugehen.

Jesus tut nichts ohne den Vater: tu du desgleichen.

Von seiner Kindheit bis zum Kreuz *hängt* Jesus vom Vater *ab*: das ist Demut. Und du, hängst du von jemand ab? Da siehst du deinen Stolz. Jesus soll beginnen? Da siehst du ihn in der Wüste auf der Suche nach dem Willen des Vaters. Und du?

Die Wahl der Apostel steht an, und er verbringt die Nacht im Gebet. Und du? Da hast du deinen Stolz, deine Anmaßung. Er soll ein Wunder wirken: er fürchtet sich fast davor, es werde ihn ehren. Und du? Wenn du könntest, würdest du der Welt zurufen: „Schaut mich an!"

Heute morgen hast du vor dem Allerheiligsten die Teufelscourage gehabt, dir sogar deine Seligsprechung vorzustellen. Doch die Reihe derer hat dich aufgehalten, die an dir Ärgernis genommen hatten und gegen dich ausgesagt haben, was sie wußten.

Welch ein unbändiger Stolz! Welche Schande! Gott, erbarme dich meiner. Gib mir deine Demut zum Geschenk. Laß mich aufhören, vor der Welt Komödie zu spielen – stell mich nackt vor dich hin wie bei meinem Hinscheiden. Laß dieses verkohlte Scheit wieder ausschlagen. Ist das noch möglich, Herr? Kann deine Allmacht noch solch ein Wunder vollbringen?

Gott, erbarme dich deines Carlo!

Was ist also letztlich Demut? Der Anblick der eigenen Sünden, des eigenen Elends? Daß man sich für den letzten unter den Menschen, den größten Sünder hält? Nein, denn dann hätte die Gottesmutter in ihrer Sündelosigkeit ihre innere Einstellung nicht so zum Ausdruck bringen können.

Demut ist die Gewißheit unseres angeborenen Unvermögens in der Heilsordnung, unserer absoluten Unfähigkeit zur Förderung des Göttlichen in uns. Sie ist also eine Geisteshaltung, die mit dem Göttlichen zu tun hat. Das Sehen-Wollen, das Verlangen, selbst im Griff zu haben, was wir im Hinblick auf unser ewiges Ziel tun können, das ist also eine der Demut entgegengesetzte Haltung.

Das ist eine Welt, in der wir absolut nichts vermögen, und in ihr wurzelt die Demut. Wenn wir bestimmen, klar sehen, entscheiden und Erfolgserlebnisse haben wollen, zerstört das praktisch die Demut in uns.

Nicht umsonst reift die Demut im Glauben heran und ist sie der innere Aspekt der Hoffnung. Nur wer demütig ist, glaubt und hofft. Mit einem Wort, es ist das Kind, das weiß, daß es ganz auf den Vater angewiesen ist, aber glaubt und sicher ist, daß ihm nichts passiert, da es in guten Händen ist.

Die Verkündigung an Josef (Mt 1,18–25)

So kann man die Matthäus-Stelle überschreiben. Eine wahrhaft außerordentliche Evangelienperikope, in der der Glaube Mariens und Josefs hell aufstrahlt. Josef zweifelt angesichts des Unbegreiflichen der Schwangerschaft Mariens nicht an ihr, aber da ihm die Sache unbegreiflich bleibt, entschließt er sich zu einer stillen Trennung, um sie nicht ins Gerede zu bringen und keine Erklärungen abgeben zu müssen. Da erscheint ihm der Engel, verkündet ihm das große Geheimnis und macht ihm im Namen Gottes das Geschenk einer echten, gesetzlichen Vaterschaft: „Du sollst ihm den Namen Jesus geben." Josef schweigt und gehorcht mit einem Glauben, der wirklich erstaunlich ist.

Aber warum schweigt Maria? Etwa, weil sie das Geheimnis Gottes in ihr Leben aufgenommen hatte und nicht darüber reden konnte? Genau das: wenn wir Gott sähen, könnten wir auch nicht darüber reden. Außerdem fühlte sie sich ja sicher. Wenn Gott so viele Wunder vollbracht hatte, hätte er auch seine Ankündigung verwirklicht und das Problem gelöst.

All das ist aber vielleicht eine der Seiten des Evangeliums, auf denen vom Menschen Glaube und Hoffnung in einem verbindlicheren und großartigeren Ausmaß gefordert sind.

Maria und die Seele

Advent, Gedanken Mariens, die alle Jahrtausende des Wartens auf den Erlöser zusammenfassen.

Verkündigung – Glaube Mariens – Stille – nur sie allein trägt neun Monate lang das Heil. Geheimnis des Göttlichen, das sich in die menschliche Innerlichkeit Mariens kleidet. Ihre Mutterschaft. Ihr Ja zum Kommen Christi und daher auch ihr Ja zu meinem Heil. Einheit mit Jesus am Kreuz – unsere Miterlöserin, neue Geburt in ihr – Mutter des Hauptes, daher auch Mutter des mystischen Leibes Christi.

Zurückhaltung Mariens zu ihren Lebzeiten. Ihre Anwesenheit in der Urkirche, besonders bei Johannes und in seinem Jüngerkreis. Miterlöserin – Mittlerin – Mutter.

Vigil des Hochfestes der ohne Erbsünde empfangenen Jungfrau und Gottesmutter Maria

Maria ist eine neue Schöpfung. Gott erschafft Maria im Hinblick auf die Menschwerdung und die ihr durch die Passion Jesu erworbenen Verdienste als im Schoße Annas ohne Erbsünde Empfangene.

Sie ist der einzige heile Fleck an dem durch die Sünde verrotteten Leib der Menschheit, der mächtige Beginn des herrlichsten Zeugnisses der göttlichen Liebe.

Hochfest der ohne Erbsünde empfangenen Jungfrau und Gottesmutter Maria 1955

Maria ist das Meisterwerk der Schöpfung. Für sie ist die Macht Gottes zweimal tätig gewesen, das erste Mal, als er die Erde erschuf, das zweite Mal, als er die erbsündelose Empfängnis im Schoße Annas beschloß.

Das war wie die Schaffung einer neuen Morgenröte. Eva war die Mutter aller Lebenden, Maria wurde die Mutter aller Erlösten. Gottes Ratschluß, der von der Sünde vereitelt worden war, ist herrlicher und großartiger wiedererschienen.

Zur Menschwerdung ist noch die Erlösung gekommen.

Menschwerdung! Großartiger Traum Gottes – Krönung seiner Liebe – Brautbund mit seinem Geschöpf – Antrag an sein Geschöpf, ihm seinen Sohn zu gewähren!

Mariens Macht über das Herz Gottes? Die Macht der Braut! Mit welcher Liebe hat Gott seine Geliebte überschattet, um sie zur Mutter des Erlösers zu machen.

Welch süße Frucht ist aus dieser Liebe geboren worden: Jesus. Der Sohn, der wirkliche Sohn. Der Traum wurde Wirklichkeit; das seit Ewigkeit verborgene Geheimnis: die Familie Gottes. Anfang unserer Vergöttlichung.

Gewaltige Macht Mariens. Dieser Braut ist alles möglich! Und doch, wie still verhält sie sich dem Bräutigam gegenüber! Wie empfindet sie sich als die Niedrigste! Der Abgrund ruft dem Abgrund zu! Und das alles war schon vorgesehen. „Der Herr hat mich geschaffen im Anfang seiner Wege, vor seinen Werken in der Urzeit; in frühester Zeit wurde ich empfangen, am Anfang, beim Ursprung der Erde" (Spr 8,22 f.).

Maria, süße Maria, ich liebe dich.
Neig deinen Blick uns zu.

Du, die du das Verwerfliche, die Sünde,
nicht gekannt hast,
erbarme dich unser ob unserer Sünde.
Hilf uns, von ihr loszukommen.
Lehre uns, zu erfüllen,
was für dich leichter zu erfüllen gewesen ist:
den Willen Gottes.
Tritt für uns ein bei Christus,
wenn wir in unserer Sündhaftigkeit
als Feinde vor ihm erscheinen.
Aus Liebe zu dir wird er uns wieder
und immer vergeben.
Mittlerin aller Gnaden!
Brücke über die Abgründe,
da du die beiden unmöglichsten Ufer
miteinander verbunden hast:
den Schöpfer und das Geschöpf.
Göttliche Synthese zwischen dem Göttlichen
und dem Menschlichen.
Du, die es ermöglicht hat, den unsichtbaren Gott
in einem Menschenantlitz zu schauen.
Du bist es, die dieses Antlitz mit ihrem Blut
in ihrer stillen Zurückgezogenheit gebildet hat.
Dein Schoß ist ein Himmel,
in dem Gott sich verborgen hat.
Dein Schoß ist ein Himmel,
aus dem Gott vor die Menschen getreten ist.
Du hast Gott gestillt!
Du hast Gott angezogen!
Gott hat dich Mama genannt!
Maria! Maria!

Letzte Noviziatswoche. Oh, könnte ich doch wirklich wenigstens diese paar Tage als echter Novize eines so großen Gedankens leben! Ich werde es versuchen, aber es wird schwierig.

Noch nie habe ich die Möglichkeit, Jesus als meinen Erzieher zur Liebe des Vaters zu betrachten, so sehr begriffen wie gestern abend. Es ist demnach gut, ihm die Niederlagen und das Unvermögen auf diesem Gebiet zu erzählen. Die kleine heilige Theresia hat das getan und ihm ihre Treulosigkeiten mit allen Einzelheiten beschrieben. Der mystische Leib und die Einwirkung Jesu, seines Hauptes, auf mich, sein Glied, sind viel zuwenig lebendige Wirklichkeit.

Herr, ich stehe vor dir wie der Verhungernde vor dem Brot, wie der Verdurstende angesichts der Quelle.

Du bist die Sonne, die Erde, der Berg, die Blume, das Licht, die Kraft, das Leben.

Alles Geschaffene hat etwas von dir und sagt mir, daß ich deiner bedarf.

Alles Schöne erzählt mir von dir, der du die Schönheit bist. Ich möchte dich saugen, wie ein Baby die Milch saugt, möchte dich ganz aufessen, möchte in dich eingehen, eins werden mit dir, mich mit dir verschmelzen.

Jetzt merke ich, daß dieser Durst und dieser Hunger das ganze Leben lang dauern werden, und daß ich, je näher ich dir aus Liebe zu dir komme, um so mehr das Bedürfnis empfinden werde, dich zu essen und zu trinken.

Oh, wie wahr ist doch die Eucharistie! Und wie entspricht sie doch unserem Hunger!

Herr, gestatte mir die Bemerkung, daß du uns liebenswürdigerweise genarrt hast, als du uns sagtest: „Wer von diesem Brot ißt, wird in Ewigkeit nicht mehr hungern" (Joh 6,35). Damit wolltest du uns an dich ziehen. Doch der Hunger nach dir legt sich in deinem Geschöpf nicht bis zu dem Tag, an dem es dich für immer besitzt. Und das . . . weiß ich noch nicht.

Ich habe mit den Profeßexerzitien begonnen. Pläne und Vorsätze habe ich nicht gemacht: sie sind doch umsonst!

Diesmal überlasse ich alles erstmals der Leitung des Herrn. Ich will nur aufmerken.

Wie defekt sind wir doch, o Herr! Wie kaputt ist doch diese arme Maschine, die du in so hoher Vollendung und Weisheit geschaffen hast!

Wer kann sie reparieren außer dir, o Schöpfer, o mein Erlöser!

Manchmal habe ich den Eindruck, der Schaden ist so groß, daß . . . – entschuldige – nicht einmal du mehr weißt, wie man ihn noch reparieren kann. Es ist wie ein Gewebe, das keine Naht mehr verträgt, wie ein altes Auto von Anno dazumal, das in all seine Teile zerfällt.

Alles ist möglich für Gott – das hast du gesagt – auch, ein Kamel durch ein Nadelöhr gehen zu lassen . . . also.

Gott, mein Arzt, heile mich, und ich werde gesund, mein Retter, rette mich, und ich werde gerettet.

Heute und immer wieder bis ans Ende meiner Tage.

Denn was heute geheilt wird, ist morgen wieder krank und so weiter. Man jätet die Quecke, und schon kommt sie wieder zum Vorschein, man säubert die Wunde, und nach einer Stunde beginnt sie wieder zu eitern.

Das ist ein ständiger Kampf gegen das Böse ohne Pardon und ohne Atempause, denn das Böse kommt und geht ohne Unterlaß.

Das heißt, daß wir nicht in der Gnade gefestigt sind, und das wiederum heißt, daß du unser *ständiger Erlöser* bist.

19. Dezember

17 Uhr: Anruf von Piero aus Géryville.

20. Dezember

Piero ist völlig durchgefroren hier eingetroffen. Morgen beginnt er mit mir die Einkehrtage.

21. – 24.

Einkehrtage auf der Paßhöhe.

Schlussfolgerungen

Mein Programm? Jesus. Was mich betrifft, habe ich meinen Rücktritt erklärt. Von nun an wird er es machen.

Verpflichtung:

Von zwei Möglichkeiten immer die schmerzlichere, die unangenehmere, die weniger schöne wählen. Den untersten Platz suchen.

„Alles ist nichts, alles ist nichts", hat Milad nach einer Kapitelsversammlung ausgerufen, die zu den ehrlichsten zählt, denen ich beigewohnt habe.

Ein Tropfen vom Blut Jesu genügt!

Das ist eine Frage des Glaubens und der Hoffnung. Das Geheimnis eines Gottes, der für mich Mensch wird und der für mich stirbt, ist etwas so Gewaltiges, daß auch die widerlichste Anhäufung von Sünden sofort vor Gottes Liebe in Flammen aufgeht.

Wieviel Trost liegt in diesen Worten! Wie will ich heute nacht in Jesus neu geboren werden, für immer ihm gehören, sein Sklave, sein Knecht, ihm ganz zu Diensten sein, ganz und gar ihm überlassen. Maria, hilf mir, neu geboren zu werden!

Weihnachten 1955

Ich bin Kleiner Bruder. Den alten „professore" habe ich in den Höhlen der Paßhöhe von Géryville begraben. Jetzt beginnt ein neues Leben.

Am bezeichnendsten für mein geistliches Leben ist der totale Verzicht auf ein eigenes Konzept, auf ängstliche Sorgen, auf Überlegungen, wie ich mein Christenleben führen sollte. Das alles habe ich Jesus anheimgestellt.

Von nun an will ich auf ihn schauen, auf ihn allein. Er wird an mich denken. Der Glaubensakt muß total und unwiderruflich sein. Auch die Geschenke sind eingetroffen, aber ... ich habe Angst, sie auszupacken. Wir wollen in den kommenden Tagen einmal sehen.

Aktionen! Häuser ohne Vater, Kirchen ohne Gott, Küchen mit kaltem Herd, Schlafzimmer ohne Liebe.

Methode! Durch Arbeit nimmst du ab, durch Armut wirst du frei. So gewöhnst du dich, erleichtert, ans Beten. Das Wenigste, was dir passieren kann, ist Fliegen. Und die Wüste, die sich feierlich, schweigend und grenzenlos vor dir ausbreitet, lädt dich ein, ihre Mitte zu suchen, wo du allein sein wirst, allein mit deinem Gott.

Arbeiterpriester und Kleine Brüder: in ihnen sind die Arbeitswelt und das Ordensleben vertreten.

ANHANG

1

GRUSSWORT VON PROFESSOR CARLO CARRETTO

Für mich ist dies die schönste Zentralrats-Tagung der letzten sechs Jahre. Ich glaube, daß nur wenige meine Freude darüber nachempfinden können, keine lastende Verantwortung mehr zu tragen. Ich habe sie in diesen drei Tagen richtig ausgekostet.

Doch Spaß beiseite, ich danke Euch sehr. Ganz besonders danke ich Mario, der die Güte hatte, mich zu einem Grußwort einzuladen, und das nicht nur, weil mein Kommen die ungetrübte Kontinuität unserer Bewegung zum Ausdruck bringen könnte, insofern als die Themen, die wir behandelt haben, so sachbezogen sind, da sie nicht Geistern entstammen, die vom Intellekt her angekränkelt sind, sondern Seelen, die sich dem Apostolat und dem Kontakt mit anderen Menschen verschrieben haben. Was wir in der Jugendarbeit der Katholischen Aktion behandelt haben, kann man immer wieder von neuem aufgreifen in dem Wunsch, uns selbst über Grundsätzliches klarzuwerden, ob es bessere Möglichkeiten für Weiterentwikkung und Kampagnen gibt, aber im Grunde sind wir unserer Linie treu geblieben.

Meinen Dank für die Einladung sollte man nicht als Dank für die Kontinuität, sondern für die Herzlichkeit auffassen, die Ihr mir entgegenbringt und die mir, das versichere ich Euch, ein großer Trost ist.

Ich weiß nicht, ob Ihr schon einmal gespürt habt, wie bohrend ein Gewissensbiß schmerzt: der Schmerz darüber, nicht getan zu haben, nicht tun gekonnt zu haben, was man hätte tun müssen. Es gibt im seelischen Leben schwere Augenblicke, Augenblicke, die ich gerade jetzt durchgemacht habe. Besonders im vergangenen Monat, den ich in stiller Einkehr im Heimatland Jesu verbracht habe, habe ich diesen schmerzlichen Gewissensbiß gespürt, auf Grund dessen ich, hätte ich vor Gottes Angesicht gestanden, nicht den Mut gehabt hätte, zu sagen: ich bin der Vorsitzende der GIAC gewesen. Doch bei Euch dieses herzliche und innige Einvernehmen anzutreffen, tröstet mich und gießt ein wenig Balsam in die Wunde, die man unweigerlich im Leben davonträgt und die, so denke ich, dazu führen soll, daß man den Herrn mehr liebt.

Was soll ich Euch in diesem Grußwort, bei dieser Zusammenkunft sagen? Seht, ich komme, wie Ihr wißt, von einer weiten Reise zurück; ich kann sagen, ich sei um die ganze Welt gereist, und könnte Euch als Ertrag dieser Reise sagen, daß der Weg, den unsere Jugendorganisation eingeschlagen hat, und der Gedanke der Katholischen Aktion weltweit Geltung besitzen. Deshalb drängt sich spontan der Gedanke auf, engagierten Katholiken, Priestern und Bischöfen anzuraten, ruhigen Gewissens die Organisation ins Leben zu rufen. Man kommt in der Überzeugung zurück, daß das, was geschehen ist, recht war, sei es im Lichte der Vernunft, sei es nach Gottes Willen, und zu Resultaten geführt hat.

Die Erdteile, die man auf Reisen kennenlernt, bieten Anlaß zu dem deutlichen Gefühl, daß es künftig besser stehen könnte, wenn man in den Missionen die Katholische Aktion konsequent einsetzte und nach ihrer Methode vorginge.

Das als Grundgedanke. Als Methode? Ich habe während der vierzig Tage im Orient viel nachgedacht. Wenn ich seit dem letzten von mir einberufenen Rat bis zum ersten, den Mario einberufen hat, etwas zur Methode sagen müßte, wüßte ich nicht, was ich sagen sollte. So überzeugt bin ich davon, daß es nicht um die Methode geht! Methode braucht man, ich will sie nicht herabmindern, aber darum geht es hier nicht. Ich wäre heute in der Lage, in einem Land einen Verband zu gründen, wo zehn ganze Seelen unterschiedlichen Alters und Standes, darunter auch ein kleiner Junge und ein Greis, leben. Pädagogische Bedenken hätte ich nicht.

Alles in allem ergibt sich aus meinen Überlegungen, daß ich sagen kann, mir sei aufgegangen, daß es dort kein Christentum gibt, auch dann nicht, wenn es anwesend wäre. Als ich an einem sonnigen Tag an der Stätte der Versuchung Jesu gestanden habe, hoch über dem weiten Tal, wo er die ganze Geschichte seines Volkes überschauen konnte, auf dem Berg der Versuchung, und mich in Gedanken mit dem beschäftigte, was ich geleistet hatte, habe ich über die Versuchungen des Apostolats nachgedacht. Was für Streiche hat man uns, hat man mir gespielt? Und es kam mir vor, als hörte ich dies: wenn der Teufel einen leitenden Funktionär der Katholischen Aktion vor sich hat, braucht er sich nicht damit aufzuhalten, ihn mit Gewalt am Fortschritt zu hindern, in ihm Glaubenszweifel zu wecken, die ihn zum Austritt aus der Katholischen Jugend und der Kirche bewegen würden. Anstatt uns mit Gewalt am Fortschritt zu hindern, versucht er uns, indem er unseren Fortschritt in dem Punkt schwungvoll beschleunigt, der uns am meisten liegt. Das alles habe ich vor mir gesehen: von der Freude, etwas über Sozialfürsorge zu erfahren, bis zum Genuß, mit dem man eine Predigt hört, um mich so in die Richtung zu drängen, in der meine Versuchungen gelegen haben; z. B. die organisatorische, weiter und weiter voranzuschreiten und nicht mehr einzuhalten und auch noch daran zu glauben, als ob von diesen Dingen das Heil der Seelen abhinge, für die das ein Lauf ins Unendliche wird und schließlich dazu führt, ein Lauf zu werden, der für uns qualvoll ist.

Ich erinnere mich noch der Zentralrats-Tagung, die mich am meisten gefreut hat: der Tagung über Sozialfürsorge. Man kann zum Sozialfanatiker werden und Tränen vergießen, wenn man von einem kleinen Jungen hört, der nach Hause geht und nicht einmal Geld für Milch hat, aber selbst nicht in der Lage ist, einen Akt der Liebe und der Güte dem Nächsten gegenüber zu setzen, wodurch die ganze Gerechtigkeit zur perfekten Fachkenntnis und zu einem Herzen wird, das kälter ist als ein Stück Eis. Vielleicht hatte man das Kind vergessen, das unscheinbar vor dem Muttergottes-Altar geweint hat.

Das gilt auch für Bildungsfragen, denn das Christentum ist zur Problematik geworden, und wir vergessen, daß es ein schlichter Akt ist: tu das, und du wirst leben.

Weder Spezialisierung noch Einheit sind für mich ein Thema; Jesus sagt, ganz richtig: Ich werde nicht aus dem Willen des Mannes, sondern aus Gott geboren.

Christentum ist immer diese geheimnisvolle Geburt, die Gott in der Seele auf Wegen bewirkt, die so oder so oder verschlungen sein können.

Wenn ich Euch also in meinem Grußwort und in meinem Dank für Eure Herzlichkeit mir gegenüber etwas sagen müßte, würde ich dies sagen: Man muß diese Dinge tun, sind sie aber einmal getan, wollen wir uns nicht auf sie verlassen, oder wollen wir uns auf sie verlassen, indem wir sie mit etwas anderem beleben, nämlich mit Gottinnigkeit. Man kann ein Organisator sein, ohne würdig zu sein, den Mitgliedsausweis der GIAC mit sich herumzutragen.

Den Jüngeren wünsche ich viele Zentralrats-Tagungen hier in Rom oder wo immer das Präsidium will.

Unserem lieben Mario, auf dem eine so schwere Last ruht – ich spüre das mehr als alle anderen, da ich es auch mitgemacht habe –, wünsche ich, daß die Gottesmutter, die er so liebt, ihm in diesem Kampf beisteht, und er Euch auf eine innigere Weise Bruder sein kann, als ich es je fertiggebracht habe.

(Aus dem Protokoll der Zentralrats-Tagung der GIAC vom 31. Januar bis zum 2. Februar 1953 in der Villa „Il Maestro", Rom, unter dem Vorsitz von Dr. Mario Rossi.)

2

CHARLES DE FOUCAULD[1]

STIFTER

Charles de Foucauld war sein Leben lang von dem Ideal beseelt, „Brüder" um sich zu versammeln, die sein Leben mit ihm teilen sollten. Dieses Ideal erwachte in seinem dritten Trappistenjahr in ihm und begleitete ihn bis zu seinem Tode ... Die Hoffnung auf seine Verwirklichung verließ ihn nicht trotz des anfänglichen Widerstandes Abbé Huvelins, der Enttäuschungen durch gescheiterte Versuche und des langen, einsamen Wartens. Gelassen und unverdrossen fügte er sich demütig dem anscheinenden Fehlschlag sei-

1 *Charles de Foucauld* (1858–1916) wurde am 15. September 1858 als Sohn einer reichen Adelsfamilie in Straßburg geboren.

Sehr früh verwaist, wurde er mit seiner Schwester Marie vom Großvater väterlicherseits erzogen. Er schlug die Offizierslaufbahn ein und zog dem Studium ein angenehmes und lockeres Leben vor. Aber schließlich gewannen Stolz und Abenteuerlust die Oberhand und machten aus ihm einen vorbildlichen Soldaten.

Eine gefahrvolle „Marokko-Expedition" trug ihm eine Auszeichnung seitens der Société de Géographie ein. Eine innere Krise, die sich in der moslemischen Umgebung angebahnt hatte und von seiner Cousine Marie de Bondy klug und behutsam begleitet worden war, führte ihn in den Beichtstuhl Abbé Henri Huvelins (1838–1910) in der Kirche St-Augustin in Paris. Nach einer Wallfahrt ins Heilige Land (1889) trat er bei den Trappisten ein (1890–1896) und wurde in ein armes Priorat nach Syrien entsandt, trat aber (1897) ganz aus, um bei den Klarissen in Nazaret ein Leben in der Nachfolge seines „vielgeliebten Bruders und Herrn Jesus" zu führen. 1901 zum Priester geweiht, begann er in Algerien seinen Zug durch die Sahara mit den Stationen Béni-Abbès und dann Tamanrasset. Im Morgengrauen des 1. Dezember 1916 wurde er erschossen.

nes Lieblingsvorhabens als Folge seiner Unwürdigkeit. Und doch wußte er genau, daß hierin seine Sendung bestand. Seine Aufzeichnungen, Briefe und Anweisungen lassen uns erkennen, daß er in seiner Vorstellung diese Ideal-„Fraternität" oft heraufbeschworen hat, die er sogar bis in alle Einzelheiten geplant hatte und schon in der ganzen Welt verbreitet sah als Stätten warmer Geborgenheit, die Glauben und Liebe ausstrahlen sollten, um „das Feuer in die ganze Welt zu bringen . . ."

Doch seine „Kleinen Brüder" sollte er nicht in Fleisch und Blut sehen; und er war ganz allein, als er, zu Tode getroffen, auf der Schwelle seiner Klause im Hoggar zusammenbrach.

Es schien, als sollte nichts von dem Werk überleben, das Frère Charles in Angriff genommen hatte. Und doch ist die Saat nach und nach aufgegangen. Die Kunde von der evangelischen Liebe des Einsiedlers in der Sahara hat viele Seelen in der Welt aufgerüttelt, und bald kamen auch die Jünger . . .

Als Ordensstifter ist Pater de Foucauld wahrscheinlich ein einzigartiger Sonderfall in der Geschichte der Kirche: ein Stifter, der zu Lebzeiten keine Gründung macht, der aber, eigentlich Eremit, in seiner Abgeschiedenheit und vor aller praktischen Erprobung des Gemeinschaftslebens die Konstitutionen und bis ins einzelne gehenden Ausführungsbestimmungen für eine Männer- und eine Frauenkongregation ent-

Ein französischer Vicomte, war er, nachdem er sich ins Elend gestürzt hatte, wie die Wüstenväter des Altertums auf Gottsuche gegangen und zugleich in Liebe zu den durch Christi Blut erlösten Menschen entbrannt und dann der Kontemplative und der Prototyp des „evangelischen" Missionars des 20. Jahrhunderts geworden.

Vgl. J.-F. Six, Das Leben von Charles de Foucauld, Freiburg i. Br. 1966; K. Klein, Tanz in das Abenteuer der Wüste. Das Leben des Charles de Foucauld. Mit einem Vorwort von Carlo Carretto, Freiburg i. Br. 1981.

wirft und erst über fünfzehn Jahre nach seinem Tod diejenigen ruft, die sein Werk mit Leben erfüllen und konkret verwirklichen sollen ... Wenn er der Stifter ist, kann er es nach allgemein kirchlichem Verständnis nicht sein.[2] Und sofort ahnt man die Schwierigkeiten: einerseits eine Vielzahl von Regeltexten, die nicht nur voneinander verschieden sind, sondern sich in einigen Punkten zu widersprechen scheinen; andererseits die eindeutige und konkrete Tatsache eines glutvollen Lebens, das jeden geschriebenen Buchstaben umstößt und ihn in seiner robusten und gradlinigen Einheit überwindet. Und der Stifter ist nicht anwesend, um seinen Gedanken darzulegen und den Geist aus dem zumeist kleinlichen und starren Gefüge einer Regel freizusetzen. Doch in all diesen Schriften weht der Geist starken Glaubens und evangelischer Liebe, der die Seelen aufrichtet und sie unwiderstehlich weiterdrängt, der Verwirklichung eines Ideals entgegen, das man in seinen Grundzügen definieren muß, bevor man es lebt.

Die Fraternität von El-Abiodh-Sidi-Cheikh

Wenn Pater de Foucauld kein „Ordensstifter" in dem Sinn ist, wie ihn die Kirche normalerweise versteht, so paßt auch sein Leben, das er Gott und den Menschen geschenkt hat, nur sehr schwer in die klassischen Kategorien: Mönch, Missionar, aktiv, kontemplativ ... Infolgedessen „kann man nicht gleich die tiefe Einheit dieser ungewöhnlichen Existenz verstehen,

2 Die Kirche nennt nur den im eigentlichen Sinn des Wortes einen „Ordensstifter", der – zu Lebzeiten – Jünger um sich versammelt und mit ihnen eine bestimmte Lebensform erprobt hat und ihnen dann eine von der Kirche selbst in aller Form approbierte Regel gibt. Diese Approbierung, die die eigentliche Ordensgründung ausmacht, wird nur nach einer gewissen Probezeit erteilt. Daher hat Rom es abgelehnt, Charles de Foucauld anläßlich der Prüfung der Konstitutionen der Fraternität von El-Abiodh-Sidi-Cheikh im Jahre 1936 als „Ordensstifter" anzusehen.

die sich unter vielerlei sehr bedeutsamen, bisweilen anscheinend widersprüchlichen Gesichtspunkten darstellt, noch auch in den nacheinander entstandenen Gründungsentwürfen die eigentliche und fruchtbare Idee feststellen, die oft verhüllt und unter den bis ins einzelne gehenden oder allzu persönlichen Regeln wie erstarrt ist. Das klar zu sehen, ist nur im Licht eines lebendigen Nachvollzuges und einer langen Meditation über das möglich gewesen, was die Schriften und das Leben des Paters lehren ... Man wird das schleppende Tempo, die schwankende Unsicherheit und bisweilen auch die unterschiedlichen Auffassungen bei den mannigfachen Gründungen, die in den letzten Jahren erfolgt sind, verstehen und entschuldigen" (Text von 1946).

Zunächst hatten sich einzelne, ideal gesinnte Priester unabhängig voneinander bemüht, in Süd-Tunesien und in Marokko sein Leben nachzuahmen. Aber erst 1933 haben die klösterlichen Kongregationen ihren Anfang genommen: die der „Kleinen Brüder" und die der „Kleinen Schwestern vom Heiligsten Herzen". Seit 1936 gibt es dann auch noch die „Kleinen Schwestern Jesu".

„Es war nahe bei der kleinen Oase von El-Abiodh-Sidi-Cheikh, die in der Sahara von Süd-Oran liegt, wo die erste Gründung der Kleinen Brüder stattgefunden hat, nachdem Kardinal Verdier, Erzbischof von Paris, am Freitag, dem 8. September 1933, die ersten fünf in der Basilika von Montmartre eingekleidet hatte."

Die Gründung von El Abiodh ist nicht von einem Tag auf den anderen erfolgt: persönliche Lebenswege, providentielle Begegnungen und gemeinsame Überlegungen ... 1944 hatte Frère René Voillaume das Entstehen dieser Gründung in unveröffentlichten Aufzeichnungen skizziert. Hier ein paar Auszüge:

„Etwa um das Jahr 1926 haben die damals mehr oder weniger klaren Wunschvorstellungen vieler von uns Gestalt und deutliche Züge anzunehmen begonnen. Einige providentielle Umstände hatten dazu geführt, miteinander so bekannt zu werden, daß man ein Gründungsvorhaben demnach für möglich erachten konnte. Wir waren damals alle noch Theologiestudenten am Priesterseminar von Issy-les-Moulineaux, so daß die Gründung nicht sofort verwirklicht werden konnte. Wir hatten das Leben Pater de Foucaulds von René Bazin gelesen, sodann die ‚Geistlichen Schriften', und hatten in uns das Aufbrechen des lebhaften Wunsches gespürt, dem Vorbild des Einsiedlers von Béni Abbès zu folgen. Man konnte da Ansätze zu einem auf die eucharistische Anbetung ausgerichteten, monastischen und missionarischen Leben bemerken ... Aber das alles blieb vage, wir waren noch unerfahren, unfähig, uns Rechenschaft über die Schwierigkeiten zu geben, die entstehen würden, und ohne gründliche Kenntnis der Pläne und des Geistes Pater de Foucaulds. Wir hätten die Natur unserer Traumgründung nicht genau bestimmen können.

Während des Studienjahres 1927/28 im Seminar von Issy ist es einem von uns, ich weiß nicht wie, gelungen, sich das Heft mit der eigenhändigen Niederschrift der Regel Pater de Foucaulds von 1899 zu besorgen. Wir waren voller Begeisterung und haben das Manuskript M. Boisard, dem Theologenpräfekten, unterbreitet. Nachdem er es gelesen hatte, gab er es uns zurück mit dem Urteil: es sei unendlich rührend und erbaulich, aber absolut undurchführbar; diese Regel sei ‚für eine Gemeinschaft von Engeln, aber nicht von Menschen' geschrieben. Ich weiß nicht, ob wir ihm ganz geglaubt haben! Aber jedenfalls spürten wir, daß man Änderungen anbringen müsse.

Im Jahr darauf haben zwei von uns M. Massignon kennengelernt, den wir schätzten, weil er als einstiger Freund und Vertrauter des Paters dessen geistiger Erbe war ... Einer von uns wurde in allgemeinem Einvernehmen zum – wie wir es formuliert haben – ‚provisorischen Leiter der Bewegung' gewählt, und man beschloß, er solle nach seiner Priesterweihe im

Juni 1929 für zwei Jahre zum Theologiestudium nach Rom gehen. So hatte er Gelegenheit, einige römische Persönlichkeiten mit seinen Vorstellungen vertraut zu machen, darunter Msgr. d'Herbigny, der sich dem Plan sehr gewogen zeigte und sogar bei zwei Begegnungen mit Sr. Heiligkeit, Papst Pius XI., darüber gesprochen hat, der uns seinen Segen gab und ermuntert hat ...

In Kenntnis gesetzt, schienen (die Weißen Väter) unseren Plan zu begrüßen, doch wiesen sie nachdrücklich darauf hin, Pater de Foucauld habe nichts anderes als eine ausschließlich kontemplative Gemeinschaft im Sinn gehabt und sich gegen seinen Willen dazu verleiten lassen, missionarisch zu wirken; sein eigentliches Ideal sei deutlich in der Regel von 1899 enthalten. So waren wir denn gezwungen, uns diese Regel noch einmal von Anfang an anzusehen.

Im Herbst 1931 reiste einer von uns in die Sahara und war mit Msgr. Nouet in Verbindung getreten, der uns in seine (apostolische) Präfektur aufgenommen hat. Eingeladen von den Oberen der Weißen Väter, studierten wir zwei Jahre lang am arabistischen Institut in Tunis, im ersten Jahr zu zweit, im zweiten Jahr zu viert. Inzwischen haben viele von uns Verbindung zu den Kartäusern von Montrieux aufgenommen, wodurch diese die Regel von 1899 kennenlernen und uns diesbezüglich einige kluge Ratschläge geben konnten.

Im Sommer 1932 versammelten wir uns alle zu einem Einkehrtag in der Einsiedelei U. L. Frau von Dombes. Hier ist in einer Reihe von Anweisungen von dem, der zum vorläufigen Oberen bestimmt worden war, die allgemeine Linie unseres Vorhabens erarbeitet worden. Einige Punkte schienen schon gründlich genug behandelt worden zu sein, besonders die eucharistische Anbetung, verbunden mit dem Leben in Nazaret und die Angleichung an die Kultur der einheimischen Bevölkerung, besonders im Hinblick auf das monastische Leben: den einheimischen Berufen eine echt kontemplative Lebensform zu bieten, die ihrer Mentalität und ihren Fähigkeiten angepaßt ist. Dieses Ziel der Fraternitäten in Missionsgebieten hatte man anscheinend auf Anhieb dank der einschlägigen päpstlichen Anweisungen und der Erfordernisse der Missionen durch und durch erfaßt . . ."

Kurze Anmerkung zu dem von Pater de Foucauld unter dem Namen „Kleine Brüder von Heiligsten Herzen" geplanten Orden[3]

Die Vorsehung scheint jetzt diesen Plan verwirklichen zu wollen, indem sie diesen Beruf in einer gewissen Anzahl von Priestern weckt, die sich seit einigen Jahren mit Billigung ihrer Bischöfe in der Stille darauf vorbereiten . . .

Man wird unter Berücksichtigung der von Pater de Foucauld hinterlassenen Konstitutionen Änderungen veranlassen und verpflichtend auferlegen, da die Regel, auch wenn sie für eine Gemeinschaft gedacht war, nie im Gemeinschaftsleben praktisch erprobt worden ist, andererseits aber das Werk eines sowohl natürlich wie auch charakterlich außergewöhnlich begabten Menschen darstellt. Trotz der Textretuschen bleibt der Geist der Regel völlig gewahrt. Er findet sich gerafft in Artikel 1 der Konstitutionen (von P. de Foucauld): „‚Die Kleinen Brüder vom Heiligsten Herzen Jesu' sind besonders dazu berufen, vor allem anderen dem Vorbild unseres Herrn Jesus Christus im verborgenen Leben von Nazaret zu folgen, ferner die ewige Anbetung des ausgesetzten Allerheiligsten zu pflegen und in Missionsgebieten zu leben."

Es handelt sich also um einen kontemplativen Orden, der ausschließlich für die Missionsgebiete bestimmt ist, für alle ohne Ausnahme, und das im Geist besonderer Demut, Armut, und Nächstenliebe und der Verehrung Jesu im Altarsakrament.

3 Die Anmerkung ist im Winter 1932/33 redigiert worden. Das Original verweist auf zwei bedeutende Texte Pius' XI.: die Apostolische Konstitution „Umbratilem" (an die Kartäuser, 1924) und die Enzyklika „Rerum Ecclesiae" (über die Förderung der Missionen, 1926).

Seine Hauptaufgabe besteht darin, in den Ländern, in denen man die Klöster errichtet, die Bekehrungsgnaden zu erwirken; Gebet und Bußwerke verfolgen einzig apostolische Ziele. Zum Ideal des monastischen Lebens kommt noch das der Selbstaufopferung und der demütigen und von Liebe erfüllten Gottergebung, um so die Bekehrung der Seelen vor allem durch das Wirken der Gnade zu erreichen. Lebendige und tägliche Verwirklichung der Einheit mit Jesus im Altarsakrament, dem die Kleinen Brüder eine ganz besondere Verehrung entgegenbringen.

In Ländern, in denen die Glaubensverkündigung schon weiter vorangeschritten ist und die Bekehrungen schon zahlreich sind, ist es außerdem Aufgabe der Kleinen Brüder, das monastische Leben in die Missionen zu bringen und Klöster nach einer Regel zu gründen, die dem Klima und der Mentalität und der Lebensweise der einheimischen Bevölkerung angepaßt ist.

Die erste Gründung wird, so Gott will, im nächsten Oktober im südalgerischen Atlas stattfinden, in der Apostolischen Präfektur Ghardaia ...

Daß die Ortswahl so ausfiel, hat, abgesehen von der einfühlsamen und brüderlichen Unterstützung, die die Weißen Väter dem entstehenden Werk gewährt haben, seinen guten Grund darin, daß die Mehrzahl der Kleinen Brüder durch ihre Berufung ganz deutlich auf die Bekehrung der Moslems ausgerichtet ist.

Die letzten Vorbereitungen für die Gründung sind 1933 getroffen worden. Eine weitere Reise in die Sahara ermöglichte die endgültige Entscheidung für den Ort: El-Abiodh-Sidi-Cheikh. Anfang September ist die Gründungsgruppe, die von Viry-Chatillon in der Bannmeile von Paris aus aufbrechen sollte, zu Exerzitien zusammengekommen; der Bischof von Versailles, Msgr. Roland Gosselin, sollte am Ende der Exerzitien ihre Einkleidung vornehmen. „Aber auf seinen Rat hin haben wir uns an Kardinal Verdier gewandt, der zugesagt hatte mit dem Bedeuten, die Feier solle in Montmartre stattfinden. Alles sollte ganz still in schlichter Form erfolgen. Ohne unser Wissen hat sich der Kardinal aber überreden lassen, große Reklame zu machen, und am festgesetzten Tag fanden wir uns in der Oberkirche der Basilika in Anwesenheit einer ansehnlichen Menschenmenge; die Feier vollzog sich unter dem Scheinwerferlicht (der Reporter). Uns ist das noch in schmerzlicher Erinnerung."

So wurde die Nachricht von der „Gründung" der Fraternität durch die Presse verbreitet; zum Beispiel auf der ersten Seite von *La Croix* unter einer bombastischen Schlagzeile:

Bevor sie im tiefen Sand der Sahara versinken, werden die Kleinen Brüder von Heiligsten Herzen in Montmartre eingekleidet.

„Bekanntlich hatte P. de Foucauld vor seinem Tod zur Weiterführung seines Werkes drei Gründungen beschlossen: die Charles-de-Foucauld-Gesellschaft, eine Kongregation der Kleinen Schwestern vom Heiligsten Herzen und eine Kongregation der Kleinen Brüder vom Heiligsten Herzen.

Die Charles-de-Foucauld-Gesellschaft gibt es schon seit kurzem, und sie entfaltet unter dem korrekten und rührigen Vorsitz von Generalvikar Dupin eine rege Tätigkeit. Die Kongregation der Kleinen Schwestern wird bald entstehen. Am Freitagnachmittag sind die ersten fünf Kleinen Brüder in der Sacre-Cœur-Basilika auf dem Montmartre eingekleidet worden . . .

Um 15 Uhr ist Se. Eminenz, Kardinal Verdier, auf die Kanzel gestiegen. Der Chor war schon von einer großen Anzahl von Priestern und Ordensleuten besetzt, darunter Msgr. Boucher, Generalvikar Dupin, M. Weber, der Obere des Seminars von Issy; P. Duriaux, O. P., der den künftigen Missionaren die Exerzitien gehalten hat; Domkapitular Richaud, geistlicher Beirat der Katholischen Aktion; Domkapitular Lieutier; Abbé Bordet, beigeordneter Nationalkaplan der Christlichen Arbeiterjugend. In den vordersten Reihen der Versammlung befanden sich außer den Angehörigen der Missionare M. Laurain, Sekretär der erwähnten Gesellschaft, der schon von P. de Foucauld ausersehen worden war; M. Massignon, Professor am Collège de France; André Hesse, Generalsekretär der Christlichen Arbeiterjugend, dessen Anwesenheit wie auch die Abbé Bordets sich daraus erklären wird, daß drei der Kleinen Brüder Kaplan in der Christlichen Arbeiterjugend gewesen sind.

Nachdem die ganze Gemeinde das Magnifikat gesungen hatte, begann Se. Eminenz, Kardinal Verdier, seine Ansprache. Tief bewegt hat der Erzbischof von Paris die Geburtsstunde eines großen Werkes begrüßt, eines Werkes, das schon P. de Foucauld ersehnt und vorbereitet hatte. Er wußte, daß es zu seinen Lebzeiten nicht verwirklicht würde und daß Gott wollte, daß er stürbe, damit es entstehen könnte. Welches Werk? Die geistliche Eroberung der islamischen Stämme, für deren Heil Charles de Foucauld sein Blut vergossen hatte. Wie er, so wollen sich auch die Glaubensboten, die nun aufbrechen, durch Gebet, Nächstenliebe und das Zeugnis eines unermüdlichen Opferlebens nach Kräften für ihre Bekehrung einsetzen . . . Gott segne Euch! Er verwandle Eure Herzen . . ., um sie mit einer Flamme der Liebe neu zu beleben, und bringe Euch dazu, Euch ganz und gar den Menschen zu schenken, zu denen Ihr auszieht.

Schließlich rief der Prediger die Erinnerung an den heiligen Ignatius und seine Jünger wach, die sich auf dem Montmartre-Hügel versammelt hatten, bevor sie auseinandergingen, um das großartige Werk der Gesellschaft Jesu zu vollbringen, und hat dann der neuen Gesellschaft eine ebenso fruchtbare Zukunft gewünscht . . .

Danach kamen die Kleinen Brüder, die inzwischen ihre alte Kleidung abgelegt hatten, zum ersten Mal in ihrem Ordenshabit, einem langen, weißen Gewand mit Kapuze, einem Ledergürtel und einem weißen Skapulier mit einem roten Herzen, das von einem ebenfalls roten Kreuz überragt ist; das Gewand, in dem gewöhnlich P. de Foucauld dargestellt wird.

Dann sind die hochwürdigen Patres Voillaume, Oberer der künftigen Gemeinschaft, Bouchet, Gorré, Champenois und Gerlin, allesamt ehemalige Alumnen von Saint-Sulpice, die Stufen zum Chor hinaufgeschritten und zum Kardinal hingegangen und haben ihre Hände in die seinen gelegt, um ihre ersten Gelübde abzulegen und den Friedenskuß zu empfangen. Dann ist die übliche Freitagsprozession ausgezogen, Kardinal Verdier hinterher, da die Kleinen Brüder Jesus im Allerheiligsten vorausgeschritten sind. Den sakramentalen Segen hat man gesungen. Vor dem Tantum Ergo sind die künftigen Missionare wieder zum Chor hinaufgestiegen; diesmal, um zum Altar zu gehen, wo sie, zuerst französisch und dann arabisch, einen sehr schlichten und ergreifenden Weiheakt an das Heiligste Herz Jesu gesprochen haben, währenddessen leise ein Marienlied ganz auf arabisch gesungen wurde . . .

Abends sind sie dann von Paris nach El-Abiodh-Sidi-Cheikh abgereist, das im Süd-Oran liegt, wo sie schon mitten in der Wüste, über 120 km von jedem französischen Gebiet entfernt, leben werden."

Im Sahara-Stil um ein ehemaliges Bordj der Armee erbaut, der ihren Kern bildet, liegt die Fraternität am Rand der Wüste. Das Bordj hatte man nach dem großen Aufstand von Bou-Amana[4] in unmittelbarer Nähe von drei Ksour (Dörfern) gebaut, aus denen El Abiodh besteht, der religiöse Mittelpunkt des Stammes der Oulad Sidi-Cheikh; dort befindet sich nämlich das Grab eines berühmten moslemischen Heiligen, Sidi-Cheikh, der im siebzehnten Jahrhundert gestorben war und eine Bruderschaft gegründet hatte, deren Einfluß von der Nord-Sahara bis nach Marokko reicht.

„Mit dem Oktober 1933 ist ein paar Tage nach unserer Einführung die vorläufige Lebensordnung in Kraft getreten."

4 Das war der Aufstand, der die „Rebellion" eines gewissen Leutnants de Foucauld auslösen sollte, der ein paar Monate zuvor „wegen notorisch schlechter Führung" aus den Reihen der Armee ausgestoßen worden war.

(Diese Lebensordnung hat für die ersten Brüder den Vorstellungen der von P. de Foucauld im Jahre 1899 verfaßten Regel entsprochen; infolge der Abänderungen mußte man sie noch durch weitere Einzelbestimmungen ergänzen.) Das war der Text, der für uns immer die Grundgedanken P. de Foucaulds zusammengefaßt hat, und ich glaube nicht, wir hätten damals begriffen, daß sein Denken weiter, milder und vielschichtiger war und über den Rahmen dieser Lebensordnung hinausging . . . Gleichzeitig machte sich auch der von jahrhundertelanger Erfahrung bereicherte Einfluß der Kartause und des karmelitischen Lebens geltend. Wir waren noch nicht tief genug in den Geist P. de Foucaulds eingedrungen, um diesen Zustrom fremder Elemente, der in vielerlei Hinsicht so wertvoll war, integrieren zu können. Hätte es anders sein können, zumal wir uns, bar jeder eigenen Erfahrung, über die Weisungen und Ratschläge alter Orden nicht hinwegsetzen konnten? Ich glaube nicht.

Die Diskrepanz zwischen uns und der Regel von 1899 machte sich sogar so stark bemerkbar, daß letztere ein Hindernis wurde . . . (Doch) wenn wir fest in unserem kontemplativen Leben stehen, im zutiefst erlebten „Dienst des Gebetes" und in der richtigen Auffassung der Einsamkeit als einer letzten Entäußerung der Seele, die sich zur Begegnung mit ihrem Gott anschickt, so verdanken wir das zum Teil der Kartause . . .

Diese Fremdeinflüsse haben die Fraternität nicht daran gehindert, ihre ursprüngliche Physiognomie zu bewahren und sich auf ihrer eigenen Linie zu entwickeln. Ihre typischsten Züge sind vor allem die kulturelle Anpassung – gewiß unter allen Aspekten der Gründung von El Abiodh der, der den Besuchern am meisten aufgefallen ist – und die eucharistische Anbetung gewesen.

Am 19. März 1936, bei der Feier des Josefsfestes, hat der Apostolische Präfekt der Sahara, Msgr. Nouet, die Fraternität nach Prüfung ihrer Konstitutionen durch die römischen Behörden, die sie versuchsweise auf fünf Jahre approbiert hatten, zur Kongregation bischöflichen Rechtes erhoben.

„Die erste Fraternität wurde vor über zwölf Jahren auf dem Gebiet des Islams gegründet (heißt es in einem Text aus dem Jahre 1946). Im Schweigen der Wüste ist ihr Geist voll herangereift. Die Vorsehung scheint jetzt durch die Umstände die Stunde der Ausbreitung anzudeuten. Eine zweite Gründung ist seit einem Jahr im Berber-Gebirge im Gange, und der Plan einer Fraternität im entchristlichten Arbeiterballungsgebiet Frankreich nimmt immer mehr Gestalt an.

Etliche Bitten um Gründungen seitens Apostolischer Vikare lenken unsere Aufmerksamkeit ständig auf andere Missionsgebiete über die des Islams hinaus. Diesen neuen Perspektiven entspricht die wachsende Zahl von Gesuchen um Aufnahme in unsere Fraternitäten."

Diese Zeilen aus dem Jahre 1946 spielen auf die providentiellen Umstände an, die für die Fraternität von entscheidender Bedeutung waren, wenigstens hinsichtlich ihrer Entwicklung und ihrer Zukunft. Es ist unmöglich, sie hier im einzelnen darzustellen. Man kann aber sagen, daß sie auf zwei Ebenen liegen:

„Im Licht der Erfahrung und einer besseren Kenntnis des von P. de Foucauld gelebten Ideals hat die Gründung insofern eine Entwicklung durchgemacht, als ihr Leben mehr auf den Erwerb des Unterhalts durch Arbeit und den engeren Kontakt mit der Bevölkerung ausgerichtet wurde: kleinere Fraternitäten, die eine Gesamtstärke von drei bis fünf Brüdern nicht übersteigen, ärmlichere Unterkünfte. In diesem Stadium haben die Gründungen in Zentren und Ländern aller Art sich zu mehren begonnen." Diese Entwicklung paßt zu der Suche, zu den Versuchen und zu den Prüfungen, die aus dem „so spürbaren Unterschied zwischen unserem Leben" und der „Lebensordnung (de Foucaulds) von 1899" erwuchsen, den Frère René Voillaume 1944 in seinen Gedanken zur Geschichte der Gründung von El Abiodh hervorgehoben hatte; er hat die Bilanz, die er gezogen hat, mit den Worten geschlossen: „Was gefehlt hat: ein ausreichendes Vorhandensein der Seele und des Geistes P. de Foucaulds – eine bestimmte Auffassung von Armut und Arbeit –, ein tieferes Eindringen in das Geheimnis des verborgenen Lebens von Nazaret."

Andererseits ist während des Zweiten Weltkriegs und in der unmittelbaren Nachkriegszeit „das Missionsland Frankreich" die Stätte und der Zeuge der bekannten pastoral-missionarischen Erneuerung gewesen. Die Brüder von El Abiodh haben das sofort erkannt, als die normale Verbindung mit Algerien wieder bestand. Wie hätten sie in dieser Situation nicht die Bestätigung ihrer Ziele und die Notwendigkeit erkennen können, sich da treu zu bleiben, wo sich Edelmut, Risiken und bisweilen Fragwürdigkeit miteinander verbanden! Das spiegelt sich in folgendem Artikel, der Ende 1946 „überstürzt" erschienen ist. Die erste Fraternität im entchristlichten Industriegebiet wollte unauffällig bleiben; doch das Durchsickern des Planes hatte die Nachricht interessant gemacht.

„P. de Foucauld erweist sich jeden Tag mehr als Künder einer geistlichen Botschaft, die hervorragend in unsere Zeit paßt ... Aber das ist noch nicht alles: Charles de Foucauld hatte auch den Auftrag erhalten, in der Kirche eine neue Form des Ordenslebens zu wecken ...

Die Berufung Frère Charles' und die der Kleinen Brüder besteht wesentlich darin, aus Liebe das Arbeiterleben Jesu in Nazaret nachzuvollziehen und wie er mitten unter den Menschen, in schlichter und vertrauter Aufgeschlossenheit für sie, ein kontemplatives Leben der Armut und der Arbeit zu führen. Dieser Ruf zum Nachvollzug des Lebens in Nazaret prägt die Berufung Charles de Foucaulds. Doch nur ganz allmählich wird er sich, schon im weiteren Verlauf seines Lebens, all dessen bewußt, was zu seinem Ideal gehört: das alles lebt er sozusagen, bevor er es sich überlegt, und er gelangt von Stufe zu Stufe zu der wunderbaren Erfüllung und Vollendung in den Jahren, die er in Tamanrasset verbracht hat.

Das Leben Jesu in Nazaret nachvollziehen: bis jetzt, so scheint uns, hat dieses Lebensideal vor allem an die Übung der verborgenen Tugenden der Demut, der Armut, der Sammlung und des niedrigen und stillen Dienens denken lassen: so hatte es auch die Mehrzahl der Ordensgemeinschaften ausgelegt, die sich dem Gebet oder der tätigen Liebe geweiht haben. Es ist auch noch dieser Aspekt, der Charles de Foucauld gleich nach seiner Bekehrung aufmerken läßt, ihn zu den Trappisten drängt und dann nach Nazaret, wo er in Verachtung als Sklave leben, von allen vergessen werden und einzig mit Jesus im Tabernakel und im täglichen vertrauten Umgang mit der Heiligen Familie bei Maria und Josef verschwinden will.

Die Lebensordnung der Kleinen Brüder vom Heiligsten Herzen, 1899 am Ende dieser beiden Jahre der Meditation und einsiedlerischer Zurückgezogenheit verfaßt, ist ganz von dieser Mystik durchdrungen. Sie zeigt uns eine Ideal-Fraternität, eingezogen und ganz auf das allerheiligste Altarsakrament ausgerichtet, das ihre Seele ist, wie Jesus die Seele des Hauses von Nazaret gewesen ist. Mag er auch eine äußerst persönliche und sehr urtümliche Note tragen, dieser Entwurf einer Gemeinschaft läutet kein Leben ein, das sich sehr von dem der Trappisten unterscheidet. Der Einfluß der Zisterzienserregel, an deren Gewebe Frater Alberichs fromme Seele jahrelang gearbeitet hat, ist offensichtlich.

Der Aufenthalt im Heiligen Land ist für Charles de Foucauld Noviziat und Zeit der Erwartung gewesen. Beim Hinhören auf Zeichen seiner wahren Berufung zeigt sich die Ausrichtung auf das Priestertum. Nach und nach entdeckt er noch einen Aspekt des Lebens in Nazaret: Jesus hat in seinem Dorf gelebt wie einer seiner Landsleute und die ganz einfachen Kontakte bei der Arbeit, in der Verwandtschaft und in der Nachbarschaft gepflegt. Und in dem Maß, in dem seine unermeßliche Liebe zu den Menschen wuchs, eine zarte und brüderliche Liebe, entdeckte Charles de Foucauld diesen neuen Aspekt seiner Berufung in den täglichen Beziehungen, die er zu seiner Umgebung unterhielt, zuerst in Béni Abbès und dann in Tamanrasset. Wie schlicht und einfach er mitten unter den Stämmen des Hoggar gelebt hat, als ‚einer von ihnen', ist allbekannt . . .

Die Verwirklichung dieses Ideals ist es, worauf die Fraternitäten seit vielen Jahren ihre ganze Kraft verwenden. Das mußte dazu führen, daß wir die Art unseres kontemplativen Lebens, den Typ der Kontakte, die wir zu den Leuten unterhalten mußten, um im Geist von Nazaret zu bleiben, und schließlich die Art und Weise, unser Leben in wirklicher Armut auf der Grundlage der Arbeit einzurichten, genau definierten.

Das Leben, das die Kleinen Brüder führen, bleibt nicht nur kontemplativ, weil es ganz auf die Eucharistie und die Anbetung des Allerheiligsten ausgerichtet ist, sondern auch, weil es jede priesterliche Außentätigkeit in der ordentlichen Seelsorge im eigentlichen Sinne (Pfarrei oder Mission, Kaplansdienst in der Katholischen Aktion, Glaubensverkündigung usw.) ausschließt und auch jede Tätigkeit gleich welcher Art im Bildungs- oder Wohlfahrtswesen.

Die Seele der Spiritualität der Kleinen Brüder ist also die Eucharistie; ihr müssen sie sich in einem Geist der Liebe und der Anbetung uneingeschränkt anvertrauen, so daß Gott freie Hand hat, sie ganz und gar dem Geheimnis des eucharistischen Opfers gleichzugestalten. Sie sollen im Gebet und im täglichen Leben die Erlöserhingabe Christi im heiligen Opfer fortsetzen, das im Mittelpunkt ihres Tages stehen muß. Dieses eucharistische Leben findet seinen Ausdruck und seine Nahrung auch im gemeinsamen Stundengebet und in der Anbetung des Allerheiligsten. Solch eine Ausrichtung muß sich normalerweise in einer inneren Verfügbarkeit vervollkommnen, die Ganzhingabe zum Heil der Seelen ist: deshalb fügen die Kleinen Brüder den drei Gelübden der Armut, der Keuschheit und des Gehorsams noch das Gelübde der Entsagung hinzu, das den Sinn zum Ausdruck bringt, den sie dem Ganzopfer ihrer ewigen Profeß geben wollen.

Ebenfalls in der Eucharistie finden die Kleinen Brüder den Quell dieser vollendeten Liebe zu den Menschen, die sie dazu führt, dem Dienst an ihren Brüdern zu leben und ihre täglichen Kreuze und Sorgen mit ihnen zu teilen, wie Charles de Foucauld, ihr Vater, das so gut verstanden hat. Man weiß ja, u. a., wie er unbedenklich das Fehlen der Realpräsenz Jesu im Tabernakel hingenommen hat, was damals die unausweichliche Folge seines Verweilens im Hoggar war. Hat diese totale Preisgabe des Ausdrucks seiner tiefen Sakramentsfrömmigkeit für ihn nicht eine noch größere Fülle des eucharistischen Lebens bedeutet?

Die Art der Tätigkeit, die ein Kleiner Bruder ausüben muß, um das Leben Jesu als Hingabe an die Menschen zu verwirklichen, wird natürlich vom je verschiedenen Milieu bestimmt, in dem er seiner Aufgabe nachgeht. Dieser Begriff muß einigermaßen dehnbar sein, doch tunlichst Abwege vermeiden, die die eigentliche Aufgabe der Fraternitäten kompromittieren würden. Diese Kontakte müssen den Kleinen Brüdern dazu dienen, in ihrem kontemplativen Leben das Gespür für das menschliche Leid, für die täglichen Schwierigkeiten und besonders die Mühsal und Not in der Welt von heute zu bewahren. Durch ihr Leben in Armut und Lohnarbeit wollen sie das Los der Arbeiter teilen und finden sie in der so gewonnenen Erfahrung das Geheimnis einer noch rückhaltloseren Hingabe ihrer selbst und einen Ansporn für ihr Gebetsleben.

Indem sie sich unter die Menschen begeben wie der Sauerteig unter die Teigmasse, haben die Fraternitäten es sich zur Aufgabe gemacht, brüderliche Liebe und evangelische Tugenden auszustrahlen. Die Kleinen Brüder sind einfach allen zu Diensten mit gegenseitiger Hilfe, Freundschaft, gutem Rat und Pflege freund-nachbarlicher Beziehungen. Aber ihre Tätigkeit muß immer im Rahmen dessen bleiben, was eine ortsansässige Familie sich leisten könnte. Wie wir schon unterstrichen haben, besteht die Schwierigkeit, die man vermeiden muß – wir könnten auch sagen, die Versuchung, die man beseitigen muß –, in den Aktivitäten und Diensten, die es zu organisieren gilt. Die Kleinen Brüder dürfen dabei weder die Leitung noch die Verantwortung übernehmen, aber sie dürfen wiederum in dem Maße mitmachen, in dem eine Familie es täte. Ihr Auftrag ist und bleibt das Glaubenszeugnis und liegt mehr auf der Ebene der Kontemplation. Wenn sie wollen, daß ihr Ordensleben in seinem äußeren Bild und im Rahmen des Alltags (Wohnung, Kleidung und Arbeitsverhältnisse) dem ihrer Umgebung so nahe wie möglich kommt, so doch nur, um vor allem diesen Aspekt des Zeugnisses der Liebe und der evangelischen Armut zu wahren. Er muß die Botschaft Christi mit Hilfe einer einfachen Sprache und durch das allgemein übliche Gebaren übersetzen und ersichtlich machen. Die Kleinen Brüder wollen lieben, ohne sich etwas davon zu versprechen, und kein auch noch so hoher und edler Beweggrund, der eine eigene Absicht verfolgt, darf sie in ihrem Leben leiten. Man lebt es aus Liebe zu Jesus, allein seinetwegen, und wenn sie ihre Brüder leidenschaftlich lieben, geschieht das kraft des ‚Gebotes des Herrn'.

Ihr Leben erhebt keineswegs den Anspruch, als neue Verkündigungs- oder Missionierungsmethode im strengen Sinne zu gelten. Wenn einige Fraternitäten es dazu bringen, ein strahlendes Zeugnis für Christus zu sein, sollte das nicht in ihrer eigentlichen Absicht liegen.

Die Verwirklichung eines auf Lohnarbeit beruhenden Lebens in Armut ist also eins der Hauptziele, nach denen die Fraternitäten streben müssen. Um vor der Welt ein glaubhaftes Zeugnis von Armut zu geben, muß das Ordensleben sich als völlig frei von Besitz und jeglichen Einkünften erweisen können und darf nicht fürchten, die Ungewißheit, die Härten und die Nachteile der Lohnarbeit auf sich zu nehmen. Jedenfalls müssen die Jünger P. de Foucaulds sich um die Verwirklichung dieses Ideals bemühen: wir haben allerdings die feste Hoffnung, daß es den Fraternitäten nach einer Zeit der Anpassung und der Unsicherheit gelingen wird, sich so einzurichten, daß sie von der Arbeit der Brüder leben können . . .

Die Lohnarbeit muß man also fraternitätsintern als eine ganz spezifische Form der Askese und der Entsagung ansehen, und nur um diesen Preis wird es den Fraternitäten gelingen, der klösterlichen Armut aktuelle Züge zu verleihen, die sie allen, die Christus suchen, kenntlich machen. Sie wird vor allem inmitten der heidnischen Arbeitermassen, die augenblicklich für ein gelebtes Zeugnis empfänglicher zu sein scheinen als für eine Predigt, die beste Methode zur lautlosen Verkündigung Christi sein.

Alles, was wir gesagt haben, setzt voraus, daß die Fraternitäten nicht nur in islamischen Gebieten gegründet werden, sondern auch in den Arbeitersiedlungen, was wohl die vielen Leser überrascht, für die sich das Ideal P. de Foucaulds untrennbar mit der Sahara, den Tuaregs oder allenfalls noch mit moslemischen Araberstämmen verbindet. Aber nichts ist falscher, als das Ideal des Paters so einzuschränken. Wenn er sich allerdings ausschließlich den Stämmen in der Sahara verschrieben hat, so liegt das daran, daß die Selbsthingabe, insofern sie total ist, auf konkretere Weise spezifisch sein muß, und auch daran, daß die providentiellen Umstände ihn persönlich für die Kontaktaufnahme mit diesen Stämmen vorbereitet hatten. Wenn er aber von den Fraternitäten spricht, nimmt sein Wunsch universale Züge an ... Und wenn er eine Vorliebe zeigt, dann einzig die für die ärmsten, verlassensten und vergessensten Viertel. Wer würde sonst an unsere entchristlichten Volksmassen denken ...?

Die Gründung der ersten Arbeiterfraternität in Frankreich ist schon in Vorbereitung und wird 1947 erfolgen. Dieses Experiment wird auch zu Versuchen außerklösterlicher Arbeit führen. Die Kleinen Brüder werden einfach wie Arme für ihren Lebensunterhalt in Tätigkeiten beschäftigt sein, die ja nach den Möglichkeiten des einzelnen sehr verschieden sein können. Die einzige Bedingung für die Wahl einer Arbeit wird in ihrer Vereinbarkeit mit einem wahrhaft geistlichen Leben bestehen.

Da dieser erste Versuch eines Ordenslebens noch in der Planung steckt, hätten wir ihn lieber nicht zur Sprache gebracht. Wir meinen, in diesem Fall können nur die Tatsachen zählen. Aber es sind bei uns hierzu schon so viele Fragen eingegangen, daß es uns notwendig schien, wenigstens den Geist anzudeuten, in dem man an dieses Unternehmen gehen wird. Auch ist es angezeigt, denen eine Orientierungshilfe zu bieten, die Gott berufen könnte. Wir wissen, daß das Experiment gewagt sein wird: es werden sich viele Probleme ergeben, deren Lösung uns nur die Praxis ermöglichen wird. So geschieht es in schlichtem Vertrauen und in ihrem ganzen Glauben an das Ideal P. de Foucaulds und vor allem an die Verheißungen und Weisungen Jesu im Evangelium, daß die Kleinen Brüder den Versuch ihrer ersten Arbeiterfraternität wagen ..."

Auf grosser Fahrt

Es sollte noch etwas dauern, bis die Fraternitäten und die Brüder den heutigen Stand erreichten. Die Lage ist noch von der Vermehrung und Ausbreitung der Fraternitäten in den fünfziger Jahren geprägt; über ein Drittel der heutigen Fraternitäten wurde vor 1960 gegründet. Seit 1950 ziehen nämlich die Brüder wie auch die Kleinen Schwestern Jesu, mit denen sie eng verbunden sind, „Von der Sahara in die ganze Welt"[5].

So konnte Frère René Voillaume zum zwanzigsten Jahrestag der Gründung den Brüdern schreiben: „Daß der Herr alles gelenkt hat, scheint mir so klar zu sein, daß es vor allem das Bewußtsein der völligen Abhängigkeit von ihm ist, das unsere Seelen beherrschen muß ... Wir haben, als wir am 6. Oktober 1933 in El Abiodh ankamen, ganz und gar nicht gewußt, wo-

5 Titel des ersten Bandes der Memoiren der Kleinen Schwester Magdeleine von Jesus, München 1984. Die Ausbreitung der Fraternitäten während dieser Zeit wird im zweiten Band, *Da un capo all altro del mondo,* Rom 1983, geschildert.

hin Gott uns führen würde. Wie groß unsere Treue gewesen ist, weiß nur Gott, aber ich glaube, daß Jesus unsere Schwachheit und unseren guten Willen bedacht und die Dinge so gelenkt hat, daß unser Versagen kein Hindernis für die Verwirklichung seines Willens gewesen ist. Ich spüre, daß dieses Jahr für die Entwicklung und den Geist der Fraternitäten von Bedeutung ist und sie universaler und dem Willen Gottes ergebener macht ..." (Brief aus Katara, Urundi, vom 8. September 1953).

Seit 1960 erscheinen die „Notizie" – Mitteilungen –, die ursprünglich in loser Folge und auf Matrizen vervielfältigt an die Angehörigen der Brüder versandt wurden, vierteljährlich und spiegeln das Leben der Fraternitäten.

Mit der Ausbreitung zeigte es sich, daß man eine Quellen- und Bekenntnisschrift brauchte, die über die Spiritualität der Fraternitäten orientierte. „Mitten in der Welt" ist eine Sammlung der wichtigsten Briefe und der geistlichen Vorträge, die der Prior in den Jahren 1946–1950 an die Kleinen Brüder gerichtet hat. In ihnen zeichnet sich das Gesicht der Fraternität ab und meldet sich ihre Seele. Die erste, vervielfältigte Ausgabe bringt auf der Titelseite das neue Fresko aus dem Refektorium von El Abiodh: Jesus am Kreuz – zu Füßen des Kreuzes Frère Charles im Tod – bietet allen das Heil an – der moslemischen Welt und der Welt der Arbeit – durch das Pascha-Gedächtnis, die Eucharistie, in deren Dienst seine Kleinen Brüder stehen.

Das 1950 in der Reihe „Incontri", deren erster Band *Frankreich, ein Missionsland?* war, erschienene Buch sollte übersetzt und immer wieder aufgelegt werden. Der Autor des Vorworts, Msgr. de Provenchères, gab seiner Freude über die Veröffentlichung von Schriften Ausdruck, „die sich an alle wenden, die danach dürsten, den Herrn zu lieben und ihm zu dienen", da „die Botschaft Frère Charles de Jésus eine Gnade für die heutige Welt enthält". Gott allein weiß, wie viele Christen und Nicht-Christen hier Kraft geschöpft und Licht gefunden haben. Heute können wir nur schwer die Wirkung ermessen, die diese Veröffentlichung erzielt hat. Folgendes hat – zur Information – ein Rezensent geschrieben:

„Der erste Eindruck, den man bei dieser Lektüre gewinnt, ist der einer kerngesunden Spiritualität und einer großen menschlichen und übernatürlichen Ausgewogenheit . . . So, wie wir Seelenführern mit Mißtrauen begegnen, die sich nur auf ihre Vorstellungswelt, auf ihr Gefühl oder auf den Eindruck verlassen, den sie machen, sind wir hier sicher auf Grund des gesunden Menschenverstandes, der hohen Qualität der historischen und kirchenrechtlichen Informationen, der vortrefflichen theologischen Arbeit und – allem Anschein zum Trotz – der durchgehenden Orientierung am gesündesten und gesichertsten Erbe der Tradition.

Man empfindet angesichts der völligen Neuheit des Unternehmens kein Unbehagen. Und auch das ist bezeichnend. Abenteurer verursachen Ratlosigkeit oder Verwirrung; jedenfalls hinterlassen sie in ihrer Umgebung ein Gefühl des Unbehagens. Hier ist alles ganz anders. So viel Klarheit, Offenheit, Evangeliumsdenken, daß die Gegner von vornherein entwaffnet werden, denn P. Voillaume schreibt klar und deutlich. Man lese seine Konferenzen über Nazaret, über die Form des Ordenslebens, über das kontemplative Leben der Fraternitäten, über die Askese der Fraternitäten . . . Er weiß, daß man die Lebensform, die er unter der geistlichen Vaterschaft P. de Foucaulds begründet, in keine der bestehenden Kategorien einreihen kann . . ., da ist der Kirchenrechtler ratlos: seine Einteilungen stimmen nicht mehr. Und logische Geister müßten sich bei der Lektüre dieser Seiten ebenfalls unwohl fühlen. Aber das macht nichts. Hier liegt eine so sichere Diagnose vor, ein so treffendes Bild der Lebenswirklichkeit in den wichtigsten Zentren der Arbeiterwelt, in denen man schmerzlich am Fehlen des gelebten Evangeliums leidet, daß man das Buch schließlich mit dem Gefühl ruhiger Zuversicht aus der Hand legt. Es fällt einem der weise Rat Gamaliels ein: ‚Wenn dieses Werk nicht von Gott ist, wird es von selbst zerfallen.' Da es aber mit seinen harten Forderungen kommt und eine entsprechend ausgewogene Spiritualität bekundet, kann es nur die Antwort des Himmels auf die Unruhe der Kreise sein, für die es ins Leben gerufen worden ist . . .

Dies ist eins der Bücher, nach deren Lektüre man stille Einkehr hält und mit denen man betet.

Und das ist es, wofür man dem Herrn danken muß."

Am 15. August 1957, dem Fest Mariä Himmelfahrt, hat Msgr. Mercier, Bischof von Laghouat (Sahara), „in Anbetracht der einmütigen Approbierung der in der ganzen Welt verstreuten Fraternitäten durch ihre 27 Ordinarien (= Ortsbischöfe)" und in „seinem eigenen Namen" den Konstitutionen der Kongregation der Kleinen Brüder Jesu die endgültige Approbation erteilt.

Elf Jahre später erhielt die Fraternität den Status päpstlichen Rechts; mit anderen Worten: die Kirche hat sich durch die höchsten Stellen der Hierarchie für die Echtheit des „Charismas" der Fraternität ausgesprochen. Am 13. Juni 1968, dem Fest des allerheiligsten Leibes und Blutes Christi, hat der Heilige Stuhl anerkannt, daß: „das Institut mit dem Namen Kleine Brüder Jesu . . . nach dem Vorbild von Nazaret . . . seine Aufgabe und seine Erfüllung in einer ihm eigenen Form des kontemplativen Lebens sieht, der Anbetung Christi im allerheiligsten Sakrament, der gelebten evangelischen Armut, der Handarbeit und der effektiven Eingliederung in die sozialen Verhältnisse der Ärmsten . . .".

Zugleich hat er die überarbeiteten Konstitutionen approbiert und einige Artikel genauer formuliert, darunter Artikel 3, in dem die Kirche die Brüder in ihrer Sendung bestätigt und auffordert, „sich dem kontemplativen Leben zu widmen, indem sie wie Jesus in Nazaret mit denen zusammenleben, die in der Welt weder Namen noch Einfluß besitzen.

Dieses Nazaret-Leben, das aus Armut, Verborgenheit und Arbeit besteht, stellt nicht nur den Rahmen, sondern auch den Inhalt ihres Ordenslebens dar."

3

GEDENKWORT ARTURO PAOLIS

Es war gegen Mitte November 1954, als ich in El Abiodh, dem weißen Dorf, das sich am Rand der Wüste erhebt, den Anruf Carlo Carrettos erhielt, er käme, um sein Noviziat zu beginnen.

Das war der einzige Telefonanruf, den ich in den dreizehn Monaten meines Noviziats erhalten habe, und er war für mich eine große, liebe Überraschung. Ich hatte mich nach seinem Rücktritt als Vorsitzender der GIAC in Rom öfter mit Carlo getroffen, und wir haben die bedrückende Bitternis des schwierigen Augenblicks, den wir durchmachten, miteinander getragen, ohne die Frage nach unserer Zukunft zu stellen. Ich war noch Beirat unter dem Vorsitz Rossis, mit dem wir uns abgemüht haben, gegen den Strom zu rudern, wobei wir uns bewußt waren, daß wir das Schifflein nicht weit vom Fleck bringen würden. Ich kann diesen beiden Freunden, die unser liebster Freund zu den Freuden seines Gastmahls abberufen hat, bezeugen, daß weder der eine noch der andere sich um die eigene Person, um seine Karriere oder seine Zukunft gesorgt hat, sondern um die Kirche, um die Jugend und um das Gottesreich. Carlo erzählte mir dann von einem plötzlichen Entschluß, von einem Licht, dessen Strahl ihn am 4. November, dem Fest des heiligen Karl, getroffen hatte. Es kann nicht von einer Bekehrung die Rede sein wie bei Frère Charles de Foucauld, aber ich glaube, Carlo Carretto hat in der Zeit, die sich von dem Tag, an dem er seinen Vorsitz niedergelegt hat, bis November 1954 erstreckt, ganz Ähnliches durchgemacht wie

Frère Charles: das Gefühl, überflüssig zu sein, das Ausschauen nach anderen Möglichkeiten, Hoffnungen und Enttäuschungen, die Erfahrung des Scheiterns, alles Zeichen, die häufig der Offenbarung des Geistes vorausgehen. Ich erinnere mich noch sehr gut, wie Carlo, kaum angekommen, seinen – oder, um genau zu sein, seine – Koffer auspackt. Da kommen herrliche Seiden- oder Nylonhemden zum Vorschein, deren leuchtende Farben ich noch vor mir sehe, und Fotos aus Fellinis Film „La strada". Fellinis Film kannte ich nicht, da ich schon seit zwei Jahren nicht mehr in Italien war, und die Geschichte meiner Seele war so bewegt, daß sie mir keine Gelegenheit ließ, mich für die Geschichten anderer zu interessieren.

Carlo zeigte mir Gelsominas Gesicht auf den Fotos, die man in den Foyers der Lichtspielhäuser sieht, als Beleg für seinen Entschluß.

Ich glaube, diese Episode ist wichtig für das Verständnis Carlos, seines weiteren Lebens und seiner Schriftstellertätigkeit. Er konnte als Laie und Akademiker wieder in die Gesellschaft zurückkehren wie so viele andere, sich in der Politik oder in der Leitung einer Genossenschaft betätigen oder Journalist werden. Ich weiß, daß es ihm weder an Angeboten noch an Freunden gefehlt hat, die gewillt waren, ihm zu helfen und Wege zu ebnen.

Andere, die wie er leitende Stellen in der Katholischen Aktion innehatten und dasselbe mitgemacht haben, haben leicht eine Anstellung gefunden, die oft sehr bedeutend war, und außerhalb der klerikalen Grenzen weiter für das Gottesreich gewirkt.

Ich glaube, um Carlo ganz zu verstehen, muß man bei seiner Bekehrung beginnen. Heute bin ich in der Lage, einzusehen, daß eine echte Bekehrung nicht darin besteht, vom Atheismus zum Glauben oder von einem unsittlichen zu einem gesetzestreuen Leben zu kommen, sondern vor allem darin, in Gottes Plan die einzige und entscheidende Richtung des Lebens zu entdecken. Ich habe viele Pseudo-Bekehrungen erlebt, die sich auf die Richtung eines Lebens nicht im geringsten ausgewirkt haben. Ich kann bestätigen, daß die Pause, die von seinem Rücktritt als Vorsitzender bis zum 4. November 1954 dauert, der wichtigste Abschnitt in Carlos Leben gewesen ist.

Fellinis Film war seine eigene Geschichte: bei seiner Ankunft hat er mir die Handlung des Films erzählt, stark beeindruckt hatte ihn Gelsominas nächtliches Zwiegespräch mit dem Clown: „Siehst du", sagt der junge Mann, dessen Name mir entfallen ist, „hier liegt ein Stein auf der Straße, niemand hebt ihn auf, niemand bleibt stehen, um ihn anzuschauen, und doch fällt das Licht der Sterne auf ihn, und dann wird er wichtig."

Carlo hatte die Botschaft verstanden: Er war unwichtig geworden und begann nicht, von diesem Augenblick an wichtig zu werden, aber er konnte ein Licht widerspiegeln, das von außerhalb, von oben kam.

Mein Problem glich dem seinen: Auch ich kam aus einer wichtigen Position, aber ich sollte die Botschaft erst später und auf andere Weise erhalten, die ich in meinem Buch *Facendo verità* zu schildern versucht habe.

Wir hatten uns nicht abgesprochen, in die Fraternität einzutreten; bei unseren römischen Zusammenkünften haben wir uns nur über unsere Frustration ausgetauscht und beide das Gefühl gehabt, uns in einer Sackgasse zu befinden.

Die große Versuchung würde in dem Rat bestehen, Auswege zu suchen; wenn man aufmerksam hinschaut, gibt es sie, doch in dieser Lage besteht der wahre Mut darin, nicht zu fliehen und darauf zu verzichten, nach vorläufigen Lebensentwürfen zu suchen; die Bekehrung erweist sich dann nicht als Frucht eines voluntaristischen Entschlusses – ich habe schon jahrelang meine Religion nicht mehr praktiziert, und von nun an habe ich mich entschlossen, sie wieder auszuüben: ich habe Gottes Gebote nicht gehalten, und von nun an habe ich mich von der Sünde abgewandt –, sondern als Entschluß von oben. Wenn wir an das Pfingstwunder denken, vergessen wir seinen

Ausgangspunkt: die Verstörtheit der Jünger, die Entmutigung, die Lukas bei den beiden Emmaus-Pilgern herausstellt – er hatte uns versprochen . . . und was sollen wir jetzt tun? –.

Carlo hat seine Zeit durchgemacht, in der sein Schifflein auf dem Trockenen lag, in einer Windstille. Ein tiefer Glaube dieser Art – den er mit lauter Stimme so mancher Gemeinschaft in Italien und in der Welt verkünden sollte, die sehnlichst seinen Besuch erwartete und sich von seinen Worten zutiefst angesprochen fühlte – wird aus der dunklen Nacht geboren, die ich im Noviziat erleben mußte, und die Carlo wirklich in der Zeit vor seinem Noviziat durchgemacht hat. Am Telefon hat er mir begeistert die große Nachricht verkündet. Ich habe oft an die Übereinstimmung zwischen unseren Lebensläufen gedacht, die wir in sehr verschiedenem Rahmen erlebt haben. Der Ekel, von dem Frère Charles de Jésus sich auf dem Höhepunkt der Feste gepackt fühlte, die er mit so viel Engagement veranstaltete und auf die er sich erwartungsvoll wie auf wichtige Ereignisse vorbereitete, war ebenfalls das Vorspiel zu seiner Bekehrung, war die Vorstufe zum Glauben, den Carlo und ich in jenem gepriesenen, nie genug gepriesenen Jahr 1954 entdeckt haben.

Gelsomina fand den Rhythmus ihrer Lebensmelodie und ihre innere Harmonie. Carlo hat sie mir vorgesummt, während ich noch im Zustand eines Steines auf der Straße steckte, für den es keine Verwendung gab und den der Lichtstrahl des Sternes noch nicht erreicht hatte. Wir haben in der Wüste den Menschen gefunden, der der Situation, die wir durchmachten, gewachsen war. Wenn ich an unseren Novizenmeister Milad denke, finde ich ihn in dem Hinweis auf Johannes den Täufer wieder – was habt ihr denn sehen wollen, als ihr in die Wüste hinausgegangen seid? – Milad trug kein Gewand aus Kamelhaar, aß auch keine Heuschrecken und wilden Honig, sondern war eher ein Freund der Zöllner und aß gern mit den „Heiden" und den „Sündern", aber die Wüste hatte ihn völlig von allem Stuck befreit, der das Evangelium verdeckt und der Stolz unserer christlichen Bildung ist. Seit der Zeit, die ich bei Milad verbracht habe, befällt mich leises Grauen bei dem Wort Erziehung und Erzieher, denn ich habe begriffen, daß ein Novizenmeister sich vornehmen muß, nicht zu erziehen. Ich bin mit einer guten geistigen und auch geistlichen Bildung aus Rom gekommen: ich hatte mir eine riesige Bibliothek geistlicher Literatur angelesen und war mit dem Metier des Erziehers und Jugendberaters wohlvertraut.

Ich war nicht enttäuscht von meiner Tätigkeit; anders als Carlo, hatte ich vor mir auf dem ureigenen Gebiet der Kirche ein weites, offenes Feld. Ich brauchte nicht bei einer politischen Partei oder einer Genossenschaft oder einem von katholischen Freunden geführten Unternehmen auf Arbeitssuche zu gehen. Ich brauchte mich nur einer Rüstung mit allen Schikanen zu entledigen, in der ich hauste und mich sehr geborgen fühlte. Wir waren beide aus Rom in die Wüste gekommen: in unserem persönlichen Leben drehte sich alles um eine triumphalistische Vereinigung von etwa einer halben Million junger Menschen, die freiwillig für eine Sache kämpfen wollten, ohne sich erklären zu lassen, was sie auf dem festen Boden der Geschichte bedeutete.

Wenn diese jungen Menschen uns um eine Erklärung baten, waren wir als Propheten ratlos.

Milad hatte sofort durchschaut, was die beiden Kampfgefährten voneinander unterschied. Carlos Ausweis war Gelsominas Foto mit dem ängstlichen Gesicht, dem im Nichts verschwimmenden Blick, zerzaust und verloren. Zwar war dieses Foto zwischen Hemden mit Namenszug und feinste Unterwäsche gerutscht, mit denen die römischen Freunde Carlo, dem nie etwas an Eleganz gelegen hat, ausstaffiert hatten, doch der Inhalt dieser Koffer konnte auf Milad keinen Eindruck machen, da diese ganze Aussteuer problemlos unter den „Abbaiahs" und „Burnussen" verschwinden würde, die jeder Novize trug. Viel ernster war das Problem des Priesters mit der makellosen schwarzen Soutane und dem Kragen, der so hoch war, daß er ihn zwang, mit hoch erhobenem Blick vor sich hinzuschauen, der seine Koffer auf einer Insel in der Bretagne zurückgelassen hatte und nur mit einem kleinen Bündel angereist war, doch eingehüllt in eine Rüstung aus Stahl. Wie sollte man die auseinandernehmen? Ganz anders als man es in einem Noviziat erwartet, war die Behandlung nicht für alle gleich. Carlo war bei seiner Ankunft schon schlicht und einfach und empfänglich für das Neue, das er hören sollte; er konnte seinen Freunden in Italien die überraschende Mitteilung machen, er könne im Nichts und von nichts leben.

Er konnte das paradox dahingehend beschreiben, er fühle sich eingeladen, die Lilien des Feldes und das Gras auf den Wiesen mit von Freude erfülltem Herzen anzuschauen, wo ich nur die Leere und das Nichts sah. Milad hat mich gebeten, nicht zu schreiben und nicht zu lesen und mich gewissermaßen als Analphabet zu geben. Das war weder Gesetz noch Regel, es war der Lichtstrahl des Sterns, der mich erreichen wollte. Gelsominas Freund hatte Carlo erzählt, was es mit dem Stein auf sich hatte, und Carlo war zu der Überzeugung gelangt, die Erzählung sei die Erklärung seiner eigenen, wahren Geschichte. Für mich kam als Lichtstrahl des Sterns nur ein Laserstrahl in Frage, der den Stahlpanzer aufbrechen mußte, in den ich eingeschlossen war. Wenn ich die Worte aufgezeichnet hätte, die Milad in den dreizehn Monaten unseres Zusammenseins an mich gerichtet hat, könnte ich damit keine Schreibmaschinenseite füllen. Aber schon ihn zu sehen, ihn das Evangelium erklären zu hören, ließ mich entdecken, wie gewunden und geschwollen der Mann „in prächtiger Kleidung" sich ausdrückte, der vor dem Bild Johannes' des Täufers zum Schweigen gebracht und in eine Beschämung gestürzt worden war, aus der es kein Entrinnen gab. Carlo, der später eingetroffen war, kam nicht in den Noviziatskurs, in den ich gekommen war; wir wohnten unter demselben Dach, beteiligten uns an den gemeinsamen Übungen, aber ich gehörte zu einer Gruppe, die sich auf eine frühere Gelübdeablegung vorbereitete als die Gruppe, der Carlo angehörte.

Die Noviziatsgemeinschaft wurde in kleine Gruppen aufgeteilt, die Kapitel hießen. Und in diesen Kapiteln bot sich die Gelegenheit zu intimerem Austausch und daher auch zum persönlichen Kennenlernen der Veranlagung jedes einzelnen, aber Carlo hat nie einem meiner Kapitel angehört. Doch ich kannte Carlo ja durch und durch, und die kurzen Begegnungen und das nahe Beisammensein während der langen Anbetungszeit am Nachmittag waren für mich ein großer Trost.

Öfter habe ich ihn bei diesen flüchtigen Begegnungen gefragt: Carlo, was sagst du dem Herrn? Seine Augen füllten sich dann mit kindlicher Freude, die viel mehr verriet als seine Worte. Ich habe ihm gestanden, daß ich Gott als Feind erlebte, da noch so mancher Monat verstrich, bevor ich kapitulierte.

So wie ich Carlo kannte, weiß ich, daß das Erleben von Güte und Freude, von dem er mir erzählte, nicht die ganze Wahrheit war. Während der Zeit seines Vorsitzes in der Jugend hatte er sich angewöhnt, den jungen Menschen die Begeisterung und die Freude, einer Sache zu dienen, von der er durch und durch überzeugt war, weiterzugeben und die bitteren Erfahrungen, die ihm nicht erspart blieben, für sich zu behalten. Ich weiß, daß die Wüste auch für ihn nicht einfach war; er hat mir das in einer Nacht, die wir im Gebet verbracht haben, anvertraut. Beim Heulen der Schakale, das so klang, als schrien Frauen in einem Anfall von Hysterie, hat es uns richtig geschüttelt, aber die Psalmen gaben ihm die Worte des Vertrauens und der Geborgenheit, die er so viele Jahre immer wieder an all die entmutigten Herzen richten sollte, denen er begegnet ist. Der Freund hat ihm, der viel einfacher war als ich, die gnadenhafte Sicht gewährt, die ich erst viel später erhalten sollte – selig die Augen, die sehen, was ihr seht –, und er hat sich so frei gefühlt, all seinen Freunden mitzuteilen, was ihn in den langen Stunden seiner Noviziatszeit erfüllt hat: sein Buch *„Wo der Dornbusch brennt“* wird seine wichtigste Botschaft bleiben.

Eins seiner Lieblingsämter im Noviziat war das des Kochs. Hervorragend war die Küche in El Abiodh nicht, aber Carlo konnte das spärliche Material so umsichtig verwenden, daß immer etwas Neues mit noch nie dagewesenem Geschmack entstand. Wenn Novizenmeister Milad samstags vor dem versammelten Noviziat die Wochendienste verteilte, fühlte sich die Gemeinschaft bei der Ansage: „. . . und Küchendienst . . . Carlo" in frohe Stimmung versetzt. Und Milad, der 100 % des Humors geistlicher Menschen besaß, hat verschmitzt nach den Worten „und Küchendienst . . ." gezögert, und dann erst fiel der Name des großen Kochs: „. . . Carlo".

Ich habe gern bei ihm kurze Besuche gemacht, wenn er erhitzt und zufrieden am großen Herd stand; da war er wieder ganz Carlo im Kreis der Jugend und verteilte sein Lächeln und seine komplizenhafte Kameradschaftlichkeit: „Heute habe ich noch eine besondere Freude für euch."

Eines Tages hat Milad ihm einen ganz diskreten und wichtigen Auftrag erteilt. Man hatte arabische Würdenträger in die Fraternität eingeladen, und Milad wollte ihnen zum Tee Torten servieren, da er die Vorliebe der Geladenen für Leckereien kannte, und der Koch mußte den Beweis dafür liefern, daß er ein guter Konditor war. Gegen vier Uhr nachmittags standen auf den Tischen im Refektorium drei herrliche Torten. Carlo war bei der Anbetung und gewann nach dem verschwenderischen Aufwand an Kraft und Aufmerksamkeit bei der ungewohnten Arbeit sein Schweigen wieder zurück. Die Novizen wußten nichts von dem Geheimvertrag zwischen Milad und Carlo und glaubten, man habe ihnen eine liebe Überraschung zugedacht, und die Torten verschwanden fast ganz in den noch nicht gesättigten Novizenmägen.

Als Milad abends den Konditor rief, damit er seinen Gästen den Tee mit den Tortenstücken servierte, hat der arme Carlo nur noch kümmerliche Reste vorgefunden. Die Katastrophennachricht verbreitete sich wie ein Lauffeuer, und alle erwarteten bei der abendlichen Zusammenkunft ein Donnerwetter. Ich glaube, Milad hat sich nie Aufregung anmerken lassen, er konnte aber streng und unerbittlich sein in Fällen, in denen er Abweichungen von der Nachfolge Christi sah. An dem Abend hat er den Vorfall zur Sprache gebracht und dabei eine Schau abgezogen, die so lustig war, daß wohl nur wenige von uns sie vergessen haben. Er hat Carlo in seinem Feuereifer gemimt, der in diesen Leckereien sein Meisterwerk schafft. Und die Wölfe, die in die Küche eindringen und alles verschlingen, und den armen, um sein Werk betrogenen Konditor, der mit leeren Händen erscheint. Wenn ich die Augen schließe, höre ich noch Milad, dem fast die Stimme vor Lachen bricht, das all seine Zuhörer angesteckt hat. Die Begebenheit war mir eine sehr nützliche Lehre für das Leben und kommt mir zustatten, wenn ich versucht bin, Dinge wichtig zu nehmen, die unwichtig sind. Natürlich hat der Vorfall den Freiraum des Kochs erweitert. Für etliche Wochen haben die Worte „. . . und Küchendienst" vergeblich auf den so ersehnten Namen . . . „Carlo" gewartet, da die Novizen trotz ihres erwiesenen guten Glaubens den Beweis für einigermaßen unangebrachte feinschmeckerische Gelüste erbracht hatten.

Dann haben unsere Wege sich getrennt: Ich habe die „khalouà" mitgemacht, die Wallfahrt über etwa fünfhundert Kilometer von El Abiodh nach Béni Abbès, die sozusagen der Höhepunkt des Noviziats war und für mich die große Wende dargestellt hat: vom Gott als Feind zum Gott als Freund. Carlo sollte eben diese Wallfahrt einige Monate später machen und hat weiter in der Wüste den zahllosen Lesern, die sich von der klaren und direkten Behandlung seiner Themen angezogen fühlten, berichtet, wie es ihm ergangen ist.

In späteren Jahren habe ich ihn mehrmals getroffen: Wir haben uns leidenschaftlich auf Lebensverhältnisse eingelassen, die sich zutiefst voneinander unterschieden. Carlo trug die Frustration der Wohlstandsgesellschaft mit sich herum, ich die der Dritten Welt. Was uns verband, war die Art und Weise, die Kirche aus der Perspektive der Welt und der Solidarität mit den Menschen unseres Lebensmilieus zu betrachten. Beide wollten wir – und warum sollen wir nicht sagen: wollen wir auch seinetwegen? – eine Kirche, die ihr Versprechen einlöst, sich der wahren, großen Nöte des Menschen von heute anzunehmen. Keine Kirche, die sich um die Torten sorgt, die die zum Tee geladenen Notabeln doch nicht ganz befriedigen, sondern eine Kirche, die sich um den großen Hunger sorgt. Wir waren uns einig in unserem Unwillen, der aus unseren je eigenen Erfahrungen, aber aus derselben verzehrenden Liebe zum Gottesreich stammte. Aus der Liebe, die seinen Hinübergang am 4. Oktober 1988, dem Tag, an dem auch Franziskus in die Ewigkeit gegangen ist, mit einer rauschenden Woge umfangen hat. Der große Bruder hat so gezeigt, daß er von seinem Bild in dem Buch *„Was Franziskus uns heute sagt"* nicht enttäuscht war.

Der Vergleich zwischen dem großen Bruder Franziskus und dem Kleinen Bruder Carlo ist nicht grotesk, denn der Apostel Paulus bemerkt, daß ein Stern sich vom anderen durch seinen Glanz unterscheidet, doch Stern bleibt immer Stern (1 Kor 15,41).

4

FRÈRE MILAD AÏSSA
(1912–1984)

Wie die folgende Briefauswahl zeigt, hat Milads jäher Tod unsere Fraternität – die Kleinen Brüder und die Kleinen Schwestern – tief erschüttert. Das Ereignis hat „Gefühle" ausgelöst, „die sich nur schwer beschreiben lassen", aber der Schmerz, den wir empfunden haben, hat sicher mehr Gnade als Trauer bewirkt. Beweis dafür ist, was Milad selbst gewesen ist und ist: nicht „Knecht", sondern „Freund" Jesu, wie es in der Stelle aus dem Evangelium (Joh 15) heißt, einer Stelle, die er selbst uns öfter erklärt hat. Das ist auch der Platz, den er im Leben und in der Geschichte der Fraternität eingenommen hat.

1935 kam er nach El Abiodh, zwei Jahre nach der Gründung der Fraternität. Seine Gabe an die „Ouled Sidi Cheikh" war ein Abbild seine Gabe an Gott: sicher und ohne Rückzieher. Aus dieser Verwurzelung mit Leib und Seele hat denn auch seine Lebensgemeinschaft mit der Fraternität über ein sehr persönliches Gepräge hinaus auf der ganzen Linie das Gewicht menschlicher Erfahrung und übernatürlicher Weisheit erlangt. Während der entscheidendsten Wachstumsjahre der Fraternität war Milad Assistent Frère René Voillaumes und Novizenmeister. Doch sein Licht sollte sich nicht auf diesen Geschichtsabschnitt und unsere Ordensfamilie beschränken, sondern sehr viel weiter strahlen.

El Abiodh, den 11. Dezember 1984

von Michel Sainte Beuve,
Prior der Kleinen Brüder Jesu

Meine Brüder,
Milad hat uns plötzlich verlassen, und wir haben ihn gestern auf dem Friedhof im Garten neben dem 1956 verstorbenen Maurice T. beigesetzt. Er ist der fünfte Bruder, der hier beerdigt wird und von der einundfünfzigjährigen Anwesenheit der Fraternität Zeugnis gibt.

Milad ist sehr plötzlich gestorben – wie Ihr in dem Brief der Brüder und Schwestern, von El Abiodh auf den Seiten 189–191 lesen könnt. Sein Herz hat nach einem erneuten Infarkt versagt, den ersten hatte er vor ein paar Jahren.

Für ihn ist es ein wahrhaft großartiger Tod gewesen. Er war am Morgen des Festes der Unbefleckten Empfängnis bei der Vorbereitung zur Eucharistiefeier und befand sich mit seinem Herrn von Angesicht zu Angesicht. Wie schrecklich der Schock für die Brüder und Schwestern und alle Freunde von El Abiodh war, könnt Ihr Euch vorstellen! In dem Augenblick befanden sich Jean-Michel, Raymond, Haroon und auch Teo und Taher, die ihr „Wüstenjahr" machen, in der Fraternität. Anwesend waren auch die Kleinen Schwestern der Fraternität von El Abiodh, und diejenigen aus den Fraternitäten bei den Nomaden kamen kurz danach. Ich befand mich, aus London zurückgekehrt, nach dem Kapitel am Ende eines zweimonatigen Aufenthalts in Assekrem in Tamanrasset.

Die Beerdigung war am 10. Dezember. Die hiesige Christengemeinde war vollzählig versammelt: Schwestern und Brüder aus Béni Abbès, Oran, Algier, Le Bissa; die Weißen Väter, französische, ägyptische und indische Mitarbeiter . . . Es ist keine sehr zahlreiche Gemeinde, aber ich konnte wieder einmal die Einheit und die Lebendigkeit dieser kleinen algerischen Kirche feststellen. In Vertretung des Bischofs der Sahara, der in Ägypten war, ist der Bischof von Oran, Pierre Claverie, gekommen. Zahlreich waren die Teilnahmebekundungen der Freunde aus der Bevölkerung von El Abiodh, mehr noch bei Begegnungen und Kondolenzbesuchen, wo jeder frei sprechen konnte, als bei der Beerdigung.

Milad ist 1935 nach El Abiodh gekommen; und hier hat er 49 Jahre ohne nennenswerte Unterbrechung gelebt. Als ich mir diese lange Verweildauer durch den Kopf gehen ließ, habe ich festgestellt, daß es ihm gelungen ist, die Geschichte und die Entwicklung der Fraternität wie auch die der hiesigen Zivilgemeinde, der er angehört hat, in sein Leben zu integrieren. Und nach fünfzig Jahren haben diese Geschichte und diese Entwicklung nun einen Stoß erhalten!

Ich habe mir im Rückgriff auf ein Wort des letzten Kapitels gesagt, daß Milad sowohl auf persönlicher Ebene wie auch auf der der Fraternität insgesamt lange unter uns als ein „Mensch" gelebt hat, „der aufweckt und aufrüttelt". Er hat es verstanden, sich bemerkbar zu machen und wieder und wieder durch das, was er sagte, und noch mehr durch sein Leben hinzuweisen auf die Wege des Herrn. In ihm war etwas am Werk, das jedem half, sich dem Geist zu öffnen und Ängste und Befürchtungen zu überwinden. Dieser Tod ist für uns alle Anlaß, dem Herrn dafür zu danken, daß er uns Milad diese fünfzig Jahre gegeben hat, und für jedes Licht, das wir durch seine Gegenwart empfangen durften. Wir werden möglichst bald den schriftlichen Nachlaß und die Konferenzen Milads sammeln und veröffentlichen. Das, so scheint mir, wird uns am besten helfen, sein Andenken und die Bedeutung seiner Anwesenheit, die immer unter uns lebendig bleibt, recht zu würdigen.

„Doch welche Gestalt unser Tod auch immer annehmen wird, wir wissen, daß wir als Jünger Jesu dazu berufen sind, mit ihm zu leiden, und daß wir auch mit ihm verherrlicht werden (Röm 8,17), um den Herrn, unseren Gott, zusammen mit der Gemeinschaft der Heiligen in alle Ewigkeit zu loben.

Selig, die zum Hochzeitsmahl des Lammes geladen sind (Offb 19,9).

Komm, Herr Jesus (Offb 22,20)."

(Aus dem 1981 von Milad verfaßten Entwurf zu den Konstitutionen)

Auf See, den 16. Dezember 1984

von René Voillaume,
Stifter der Kleinen Brüder Jesu

Meine Brüder,
die Brüder haben mir unter dem Datum Marrakesch, den 10. Dezember, Frère Milads plötzlichen und von niemand erwarteten Tod mitgeteilt. Vor acht Tagen habe ich ihn noch in bester Verfassung zurückgelassen. Ich habe mehrere Tage gebraucht, um mir klarzumachen, daß sein Scheiden endgültig war und ich ihn auf dieser Erde nicht mehr wiedersehen würde.

Es war eine Fügung der Vorsehung, daß unser Austausch während der paar Tage unseres Beisammenseins tief gewesen ist. Ich habe ihn aufgesucht, um ihm die Faszikel der Geschichte von El Abiodh zu bringen, die er noch nicht hatte, zumal die, in denen ich ausführlich die wichtige Rolle dargestellt habe, die er bei der Gründung der Fraternität gespielt hat. Damals haben uns ganz enge Bande vereint, besonders zwischen 1946 und 1950, als wir uns in die Leitung der Fraternität geteilt haben. Er ist es, dem wir die Heranbildung der ersten Brüdergenerationen verdanken. Mit Freuden habe ich noch einmal die langen, ausführlichen und vertraulichen Briefe gelesen, die er mir damals geschrieben hat. Bei der Niederschrift dieser Seite der Geschichte von El Abiodh hatte ich einige Bedenken, ob ich die eine oder andere Stelle aus seinen Briefen ausführlich zitieren sollte, da sie sehr persönlich gehalten sind, aber jetzt bedauere ich nicht, daß ich es getan habe.

In den letzten Tagen unmittelbar vor meiner Abreise habe ich ihn zum x-tenmal gebeten, niederzuschreiben, was er noch wußte, und zu ergänzen – oder gar zu korrigieren –, was ich über diesen Abschnitt der Geschichte der Fraternität geschrieben habe, und er hat mir schließlich auch versprochen, sich an die Arbeit zu setzen.

Seine Beziehungen zur Bevölkerung von El Abiodh waren ganz außergewöhnlich. Da er 1935 nach El Abiodh gekommen ist, hätte Milad nächstes Jahr ein halbes Jahrhundert Präsenz in diesem Wüstenwinkel feiern können.

Während ich diese Zeilen an Bord des Schiffes schreibe, das mich nach Sète zurückbringt, weiß ich noch nichts über die näheren Umstände seines Todes und darüber, wie die dortige Gemeinschaft ihn aufnimmt, kann es mir aber leicht vorstellen. Ich fühlte mich jedoch verpflichtet, Euch unverzüglich von Milads Heimgang zu schreiben, da ich in zwei Tagen wieder nach Bangui reisen muß.

Soweit es mich betrifft, glaube ich, daß Ihr gut versteht, was für mich das Hinscheiden eines Weggefährten der ersten Stunde und eines Menschen bedeutet, der einer der letzten Zeugen war, der die Fraternität von El Abiodh noch in ganz anderen Zeiten erlebt hat. Es ist schwer, so recht wiederzugeben, was mich bewegt. Vielleicht sind meine Empfindungen zu tief für eine Beschreibung.

Endlich dienen die Umstände, unter denen Milad gestorben ist, dazu, uns wieder einmal daran zu erinnern, daß der Herr uns in einem Augenblick abholt, in dem wir ihn nicht erwarten. Schon öfter ist der Herr in Zaire, in Mexiko und im Hoggar gekommen, um unsere Brüder zu holen.

El-Abiodh-Sidi-Cheikh, den 14. Dezember 1984

von einigen Kleinen Brüdern
und Kleinen Schwestern in El Abiodh

Liebe Brüder, Schwestern und Freunde,
dieser Brief ist an Euch alle gerichtet, die Ihr unseren Bruder Milad Aïssa gekannt habt. Jetzt sind schon sechs Tage vergangen, seit Jesus „wie ein Dieb" gekommen ist, um ihn abzuholen; sechs Tage, in denen wir kaum die geringste Zeit zum Schreiben hatten; aber wir wollen nicht mehr länger warten, sondern die letzten Augenblicke unseres Bruders mit Euch teilen. Wir wissen ja auch, daß Milad, woran uns unsere Freunde aus dem Dorf oft erinnern, nicht nur uns gehört, sondern auch Euch.

Ja, Jesus ist gekommen „wie ein Dieb". Am 7. Dezember hat Milad noch eine Menge kurz- und langfristiger Pläne gemacht. Er hatte wieder fest vor, am Morgen des 8. einen Bruder, der sich zu einem Aufenthalt in eine 90 km von El Abiodh entfernt gelegene Klause begeben wollte, persönlich im Auto auf der Piste zu begleiten. Am 11. hat man ihn in Béni Abbès erwartet, wo er den Kleinen Schwestern Exerzitien halten sollte, und von dort aus wollte er mit einem Freund aus El Abiodh nach Timimoun fahren.

Ja, Jesus ist gekommen, um ihn „wie ein Dieb" abzuholen, aber wir sind der festen Überzeugung, daß Milad für diese Begegnung gerüstet und auch in der Lage war, seinen „vielgeliebten Freund und Herrn Jesus" mit „Hier bin ich!" zu empfangen.

Am Morgen des 8. Dezember, dem Fest der Unbefleckten Empfängnis Mariä, war Milad um 7 Uhr in der Kapelle, um mit drei Brüdern – Raymond, Haroon und Teo – und zwei Kleinen Schwestern – Alice und Geneviève-Emmanuelle – Eucharistie zu feiern. Am Vorabend hatte er Teo gebeten, in der Messe trotz der kleinen Sängerzahl das Gloria, das Halleluja und am Schluß das Magnifikat anzustimmen. Er wollte dieses Fest der Jungfrau Maria in Freude begehen.

Wie üblich, geht hier der Eucharistiefeier das Stundengebet voraus. So haben die Brüder und Schwestern denn nach der Rezitation des Hymnus und des 62. Psalms den „Lobgesang der drei Jünglinge" angestimmt: „Preist den Herrn, all ihr Werke des Herrn: lobt und rühmt ihn in Ewigkeit! Preist den Herrn, ihr Engel des Herrn ..." Das war der Augenblick, in dem Milad einen Schmerz in der Brust gespürt und die Kleine Schwester Geneviève-Emmanuelle, eine Ärztin, gebeten hat, ihn auf sein Zimmer zu bringen[6].

Jetzt hat sich alles überstürzt. Die Zeit, ein Medikament zu besorgen und einen – algerischen – Arzt zu holen, und Milad war schon bei Maria, der Mutter Jesu und seiner Mutter, vereint mit den Auserwählten und dem ganzen himmlischen Hof, um die „Hochzeit des Lammes" zu feiern, von der in der Offenbarung des Johannes die Rede ist (19,5 ff.).

6 Bericht der Kleinen (Arzt-)Schwester: „Milad hat sich, als das Stundengebet halb vorüber war, erhoben. Er hat ein wenig gezögert; aber er hat mir durch Zeichen zu verstehen gegeben, daß er meine Begleitung brauchte. Auf seinem Zimmer angelangt, hat er mir gesagt: ‚Ich habe starke Schmerzen in der Brust.' Zur Untersuchung hat er mir seine Utensilien gebracht – ich glaube, es war das erste Mal in fünfzehn Jahren. Ich habe ihm sofort zwei Injektionen gegeben; er hat mir selbst gezeigt, wo sich Alkohol, Ampullenfeile, Riemen zum Abbinden usw. befanden. Ich habe ihm gesagt: ‚Milad, vielleicht ist es besser, du legst dich wieder hin. Ich hole Raymond, damit er dir behilflich ist ...' Und ich habe Frère Raymond geholt. Als wir in sein Zimmer traten, stand er da, an die Wand gelehnt, mit geschlossenen Augen, und sein Gesicht hatte sich verändert. Wir haben ihn auf eine Matratze gelegt ... Die Zeit, Frère Raymond zu holen ... Alles ist so schnell gegangen, so undramatisch; um 7.15 Uhr sind wir aus der Kapelle gegangen; um 7.40 Uhr hatte Milad uns verlassen ..., sein Sterben ist für mich ein Abbild seines Lebens. Milad war sehr einfach und hat wenig an sich gedacht ... Vor ein paar Monaten hatte er mir gesagt: ‚Hör auf, auf dich zu achten. Achte auf Gott und auf die anderen.'" (aus: *Les Petits Frères de Jésus, nouvelles périodiques pour les amis des Fraternités*, 101/1985).

Ja, Jesus ist gekommen „wie ein Dieb", aber Milad war zu seinem Empfang bereit. Was uns angeht, so hatten wir Mühe, angesichts des rasenden Tempos der Ereignisse alles zu fassen. Am Tag danach, dem zweiten Adventssonntag, hat der Apostel Petrus uns in der Lesung der Messe daran erinnert: „Der Tag des Herrn kommt wie ein Dieb".

Jean-Michel war am Vorabend des Festes aufgebrochen, um Taher in die Klause von Mulk Slimon zu bringen. Ein Freund aus El Abiodh war losgefahren, um ihn auf dem Rückweg abzufangen und ihm Milads Tod mitzuteilen. Er ist sofort wieder umgekehrt, um Taher, den er in seiner Einsiedelei zurückgelassen hatte, wieder zu holen. Bei ihrem Eintreffen in der Fraternität hatten sich dort am frühen Nachmittag schon viele Freunde aus dem Ort eingefunden, die gekommen waren, um einen letzten Blick auf Milad zu werfen: Männer, Frauen und Kinder. Man hörte sie von Milad reden als von „unserem Vater", „unserem Bruder" und „unserem Freund"; sie sagten uns: „Milad gehört nicht nur euch, sondern auch uns." Er hatte sie geliebt, ihnen zugehört, sie beraten, betreut und ihnen auf vielerlei Weise geholfen ... Viele haben ihn beweint, wie man einen Vater beweint. Die Feier seiner fünfzigjährigen Anwesenheit in El Abiodh am 13. Oktober nächsten Jahres war für uns ja nicht mehr fern. Brüder und Schwestern haben sich gemeinsam all dieser Menschen angenommen.

Zuerst war Milad in seinem Zimmer aufgebahrt worden, mit ruhigem Gesichtsausdruck wie jemand, der schläft; dann hat man ihn in die Kapelle übertragen, wo wir um 8 Uhr abends die Eucharistie gefeiert haben. Das Defilee der Freunde hat bis zur Beerdigung am 10. um 4 Uhr nachmittags gedauert.

(Brüder, Schwestern und Freunde) ... haben eine Gruppe von 54 Christen der algerischen Kirche gebildet, die Milad das Geleit zum Friedhof der Brüder und Schwestern in unserem Garten gegeben hat, wo er neben Frère Maurice beigesetzt worden ist.

Zahlreich sind auch die Telegramme und Briefe, die wir erhalten haben. Daraus haben wir ersehen, daß Milad „nicht nur uns gehörte". Bei der Eucharistiefeier zum 8. Dezember hat Kardinal Duval in der Basilika Unserer Lieben Frau von Afrika unseres Bruders, der sein Zeichen auf der algerischen Kirche gelassen hat, in seinen Worten gedacht. Ja, wir glauben fest, daß dieses in die Erde gefallene Weizenkorn reiche Frucht bringt.

Auf dem Friedhof hat ein ägyptischer, koptisch-katholischer Freund das Evangelium vom Weltgericht nach Matthäus (25,31–46) auf arabisch gesungen; und bei der Eucharistiefeier haben wir die Seligpreisungen nach Matthäus (5,1–12) gesungen.

Anläßlich dieses Todes war es für uns geradezu handgreiflich, wie weit dieses ganz Gott und den Brüdern geschenkte Leben „evangelisch" und bis ins letzte Quell des Widerspruchs gewesen ist. Die wahre Liebe, „eine Liebe, die das Zeichen Gottes trägt", hat Milad geschrieben, kann niemand gleichgültig lassen, „denn über kurz oder lang fordert sie tief im Herzen eine Antwort".

Wir sind noch nicht fertig damit, uns Rechenschaft über die Gnade zu geben, die Gott uns gewährt hat, als er uns so tief verbunden mit diesem „Gottesmann" leben ließ, der für uns Vater, Bruder, Freund und zuverlässiger Weggeleiter gewesen ist.

5

STIMMEN VON BRÜDERN

Von Yoel Nathan, einem Kleinen Bruder in Israel:

Ich bin gleich nach Weihnachten 1954 nach El Abiodh gekommen; damals waren die Kandidaten im Noviziat zahlreich – zwischen fünfundzwanzig und dreißig Novizen – mit einem Kurs nach dem andern; einen festen Termin für den Beginn der Noviziatszeit gab es nicht.

Unter den Novizen, die vor mir eingetreten waren, fiel Carlo durch sein Alter auf; ich glaube, niemand von uns war älter als dreißig, während Carlo doch schon gut über die Vierzig hinaus war, was auch sein weißes Haar erkennen ließ, und trotz der ortsüblichen Kleidung – jellhabad, burnous und chèche . . . –, die wir alle trugen, war er zweifellos derjenige, der sich nicht leicht für einen Araber ausgeben konnte! Mag er auch bei Jahren gewesen sein und in Italien hohe Stellungen bekleidet haben, Carlo zog daraus keinerlei Vorteil, und Milad, unser Novizenmeister, erwies ihm keine besondere Rücksicht.

Das Noviziatsmilieu war sehr einfach, rauh und spartanisch. Carlos Verhalten war von dieser Einfachheit geprägt und von seiner Herzlichkeit und so viel guter Laune durchdrungen, daß wir uns alle bei ihm wohl – und als seinesgleichen angenommen fühlten. Für Carlo hat der Eintritt in die Fraternität eine radikale Umstellung seines Lebens bedeutet. Er hat enthusiastisch die Etappen dieses geistlichen Weges der Entäußerung, des stillen und langen Betens, der innigen

Freundschaft mit Jesus und des Lebens nach dem Evangelium in Angriff genommen. Man hatte den Eindruck, er habe die kostbare Perle und das Felsenfundament aus dem Evangelium gefunden, demgegenüber alles, was bisher sein Leben ausgemacht hatte, eitel schien. Während sich für den größten Teil der Brüder P. de Foucaulds Botschaft – wie wir sie in der Fraternität zu leben versuchten – in erster Linie als persönliche Berufung darstellte, hat Carlo darin mit größerem Weitblick den Anstoß zu einer Erneuerung des kirchlichen Lebens gesehen.

Noch ein paar kleine Erinnerungen. Unter den Arbeiten, mit denen man die Novizen betraute, war auch das Brotbacken; Carlo war darin mein Lehrmeister. Man mußte den Ofen feuern – Reisig, trockene Äste usw. –, den Teig ansetzen und rühren; wenn er aufgegangen und der Ofen heiß genug war, hat man das Brot mit langen Schießern eingeschossen. Ich weiß noch, wie Carlo das alles ernst und fachmännisch gemacht hat.

Später hat man ihm die Schusterei anvertraut, und er hat mit Geschick Sandalen hergestellt, deren Sohlen er aus alten Autoreifen schnitt. Während seines Noviziats hat Carlo Besuch von seinem Bruder, einem Salesianerbischof und Missionar aus Thailand, erhalten. Der Besuch eines Bischofs in El Abiodh schien mir ein großes Ereignis zu sein, doch die Art und Weise, wie Carlo mit ihm umging, haben all meine Vorstellungen vom Protokoll und der Ehrerbietung, mit der man einem Bischof begegnen sollte, über den Haufen geworfen. Es stimmt, der Bischof war sein jüngerer Bruder. Schon gleich am Tag nach seiner Ankunft hat Carlo ihn die Soutane mit einer unserer jellhabads vertauschen lassen, und mir kommt es vor, als sähe ich beide heute noch Seite an Seite auf der Karre hinter unserem alten Gaul sitzen und in Richtung der Grotten von Géryville zockeln, wo sie Tage der Einkehr und des Gebetes verbringen wollten: man mußte ihn „erziehen", diesen kleinen Bischof! . . . (ich muß sagen, der kleine Bischof ließ sich von Carlo äußerst willig leiten).

Noch eine letzte Erinnerung, die eher schmerzlicher Art ist

und mit der unglücklichen intramuskulären Injektion zusammenhängt, die doch intravenös hätte sein sollen . . ., vielleicht hat es sich außerdem auch noch um ein schon verdorbenes Medikament gehandelt. Wie dem auch sei, Carlos Beinmuskulatur wurde geschädigt, und er hatte sein Leben lang darunter zu leiden. Das war wirklich ein ganz harter Schlag, aber ich weiß noch, wie Carlo dem Krankenbruder gegenüber keinerlei Groll gezeigt und ihm und allen die ihm eigene Leutseligkeit bewahrt hat.

Von Claude Collet, einem Kleinen Bruder in Frankreich:

Die Ankunft Carlos im Noviziat von El Abiodh war fast gleichzeitig mit der Arturo Paolis, und sie haben uns so ihre Kirchenerfahrung mitgebracht, die für uns alle interessant war, da sowohl Carlo wie auch Arturo in nächster Nähe des Papstes, der Kardinäle usw. gelebt hatten . . . Das war damals eine Zeit der Unruhe auf dem Gebiet der Mission, aber auch der Theologie und der Spiritualität. Man empfand ganz richtig, daß sowohl der eine wie auch der andere durch den Entschluß, in die Fraternität einzutreten, die Taue hatte kappen wollen, die sie an die Katholische Aktion in Italien banden, der sie viel von sich selbst gegeben hatten; jedenfalls schien die Spiritualität der Fraternität, insofern als sie auch eine gewisse Beziehung der Kirche zur Welt besagt, sie als Ziel ihrer langen Suche zu erfüllen.

Ich bin nicht mehr in der Lage, das eine oder andere Gespräch von damals wiederzugeben, aber ich habe Carlo noch in lebhafter Erinnerung. Seine gute Laune hat im Noviziat – das unweigerlich mit Spannungen verbunden ist – zu lustigen Situationen geführt, die sehr wohltuend gewirkt haben!

Was könnte man nach all den Jahren sonst noch erwähnen? O ja: daß er uns als wahrer Gottesmann vor Augen steht!

Von Jacques Wilhelm, einem Kleinen Bruder in Tansania:

Ich bin froh, zu hören, daß Ihr dabei seid, unveröffentlichte Schriften Carlos drucken zu lassen, und werde versuchen, ein paar Erinnerungen aus der Zeit beizusteuern, die ich mit ihm im Noviziat von El Abiodh verbracht habe; sicher sind es verworrene Erinnerungen nach 33 Jahren! ... Schon!

Carlo hatte sein Noviziat mit einer stattlichen Gruppe von Novizen – etwa fünfundzwanzig – begonnen, und ich glaube, daß wenigstens zwanzig von ihnen erfolgreich abgeschlossen haben. Ich selbst bin im April 1955 – zu einem Zwischentermin – ins Noviziat eingetreten, so daß ich nicht einmal ein ganzes Jahr mit Carlo zusammen war. Charlie Rotsart, der später ebenfalls zum Kleinen Bruder vom Evangelium – sind das zwei Kongregationen?! ... – berufen worden ist, war viele Jahre mit Carlo in Tamanrasset zusammen, die Wüstenjahre ... Das wäre ein privilegierter Zeuge, aber ich weiß, daß er nichts oder nur ganz wenig schreibt ...

Auch Arturo Paoli war damals Novize in El Abiodh, und daher konnten sie sich, Carlo eingeschlossen, als die beiden ersten italienischen Kleinen Brüder qualifizieren. Dann gab es da noch einige Spanier, Belgier, Brasilianer, Vietnamesen, Franzosen und mich als Schweizer ... Es war damals ein ganzer Haufen Leute in El Abiodh, vielleicht die größte Präsenzstärke in dieser Fraternität überhaupt.

Milad hatte Emmanuel Brun – Manu aus Grenay – zur Seite, der das Amt des stellvertretenden Novizenmeisters versehen hat.

Daß Arturo und Carlo zur Leitung der Katholischen Aktion in Italien gehört haben, war allen wohlbekannt, aber die beiden ließen praktisch nichts durchschimmern und haben es fertiggebracht, ebenso bescheiden und offen zu leben wie alle anderen Novizen.

Ich sehe Carlo noch ganz einfache Sandalen mit Sohlen aus Autoreifen machen (hier in Tansania sind sie immer noch modern!). Es kommt mir vor, als sähe ich ihn noch, wie er einen neuen Novizen bei der Ankunft mit seinem strahlenden Lächeln und seiner Leutseligkeit empfängt, sofort das Maß seiner Füße nimmt und ihm bestmöglich passendes Schuhwerk liefert . . . und das konnte er sehr gut. Er hat in unserer Bäckerei auch Brot gebacken . . . gewissenhaft war er bei allen Gebetsübungen zugegen, die unseren Tagesrhythmus bestimmt haben. Wenn es erlaubt war, hat er gern mit den Brüdern ein Schwätzchen gehalten, und das waren Gespräche von großer Herzlichkeit.

Wir haben das schlimme Mißgeschick mit seinem Bein miterlebt, das von einer unglücklichen Injektion durch den Krankenbruder vom Dienst verursacht worden ist. Verfehlte Injektion, falsches oder verdorbenes Medikament, Packungsbeilage in deutscher Sprache . . . wie dem auch sei, Carlos Bein ist sein Leben lang invalid geblieben. Ich war gleich nach dem Vorfall als Krankenbruder an der Reihe und kann daher, weil ich Carlo persönlich betreut habe, sagen, daß ich aus seinem Mund nie eine Klage gehört habe . . . Das ist vorerst alles!

6

MARIO FUMAGALLI

Don Mario Fumagalli, 1931 in Bernareggio geboren, hat vor seinem Eintritt ins Seminar bis zum Alter von dreiundzwanzig Jahren als Stukkateur gearbeitet. „Als ich entdeckte, daß Gott existierte" – erklärte er in einem Interview –, „konnte ich nicht anders, als ihm Schritt für Schritt darin zu folgen, was er selbst schon in Nazaret getan hatte." Deshalb hat er sich der Kongregation der Kleinen Brüder Charles de Foucaulds angeschlossen und in El Abiodh in der algerischen Sahara sein Noviziat absolviert.

Als Kleiner Bruder hat er in verschiedenen Ländern gearbeitet: unter der Oasenbevölkerung, dann als Bergmann in Belgien, als Krankenpfleger – während seines Studiums – in Frankreich und als Bauer auf Reisplantagen in Japan.

Als er nach Livorno gekommen war, um dort eine Fraternität seiner Kongregation zu gründen, hat er als Handlanger am Bau gearbeitet, doch durch seine Verbindung zu den Priestern des Werkes der „Madonnina del Grappa" das Bedürfnis empfunden, seiner geistlichen Berufung bis zum letzten nachzugehen, und wollte Weltpriester werden. Nach Abschluß seines in Toulouse begonnenen Theologiestudiums ist er am 29. Juni 1969 in Florenz von Kardinal Florit zum Priester geweiht worden.

7
INTERVIEW MIT DER ZEITSCHRIFT „FOCOLARE"

War es denn kein Unglück für dich, daß du Weltpriester geworden bist, wo du doch schon eine einzigartige Ordens- und Sozialerfahrung hattest?

„Warum ich das getan habe", will ich beantworten. Ich bin Handwerker und habe bis zum Alter von dreiundzwanzig Jahren als Stukkateur gearbeitet. Als ich entdeckte, daß Gott existierte, konnte ich nicht anders, als ihm – sozusagen buchstäblich – Schritt für Schritt darin zu folgen, was er selbst schon in Nazaret getan hatte.

Die Schwierigkeit bestand darin, herauszufinden, wie man dieser Berufung nachkommen könne, d. h., wirklich so zu sein wie Jesus in Nazaret. Bei meinen Erkundigungen bin ich darauf gestoßen, daß es in Frankreich die Ordensfamilie de Foucaulds gab, und habe mich um den Eintritt in diese Gruppe beworben.

Das war damals für mich als Spätberufenen die einzige Möglichkeit, auch weil ich keinerlei höhere Schulbildung und Glaubensbildung besaß. Außerdem waren mir Klerus und Seminar verhaßt: es wäre mir nicht leicht gefallen, vor zwanzig Jahren den Lebensstil eines Seminaristen zu akzeptieren. Dann bin ich doch da eingetreten, wo ich nicht wollte, aber da Gott mich jetzt dorthin geschickt hat, bin ich recht einverstanden.

Dein erster Versuch bei den Kleinen Brüdern hat dich sicher auf eine Spiritualität und auf die Präsenz im Volk festgelegt: wie glaubst du, die Ziele noch verwirklichen zu können, die für deine Jugend einmal entscheidend waren?

Meine Fraternitätszeit hat mir sehr geholfen, ein Leben gründlich kennenzulernen und zu praktizieren, das Gott geweiht und für die Menschen da ist, unabhängig von Klasse, Rasse und Nationalität, und eine besondere Vorliebe für die Ärmsten und die von der Gesellschaft Verstoßenen entwickelt. Durch die Hingabe seiner selbst, d. h. des eigenen Lebens, für Gott dazusein und für die Menschen dazusein: das ist christlich, und das kann man überall praktizieren. Ich hatte gelernt, daß die Frohbotschaft sich nicht nur an Fachleute wendet, die sich aus der Welt zurückziehen, sondern im Gegenteil: das Evangelium verwirklicht man, wenn es in der Welt Fleisch und Blut annimmt. Dazusein für alles, was Gott und der Mensch heute von mir verlangen. Priester zu werden, heißt für mich, eben die Ziele zu verwirklichen, die ich mir gesetzt hatte, sogar noch intensiver und vollständiger.

Als Kleiner Bruder bist du in Europa, Afrika und im Fernen Osten mit Menschen aller Art zusammengetroffen. Kannst du uns etwas über deinen Eindruck sagen, und wieso das für dich eine geistig-geistliche Bereicherung ist?

Als Kleiner Bruder habe ich die Möglichkeit gehabt, in verschiedenen Ländern der Welt zu leben: in der algerischen Wüste bei der Arbeit unter den Oasenstämmen. Zwei Jahre als Bergmann in der Hölle der belgischen Kohlengruben – (darunter das Jahr der Grubenkatastrophe von Marcinelle!); während meines Studiums in Frankreich, wo ich jede Arbeit angenommen habe, die sich bot: in der Landwirtschaft, in der Krankenpflege usw.; in Japan auf den Reisplantagen.

Das Studium der natürlichen und der menschlichen Geographie nicht nur aus Büchern, sondern im persönlichen und unmittelbaren Kontakt, öffnet uns die Augen für unsere wenig christliche Art von Gerechtigkeit. Die Dritte Welt findet man auch in den belgischen Kohlengruben, wo man Tausende von Arbeitern ausbeutet und ihre Situation ausnutzt, da sie Einwanderer aus Ländern sind, die ihnen zu Hause keinen Arbeitsplatz bieten können.

In Japan habe ich in verschiedenen Bauernfamilien gelebt. Der Orient ganz allgemein und Japan im besonderen bringen uns in Verlegenheit. Verglichen mit den Menschen dort, sind wir plump. Ein Japaner ist ein fleißiger Arbeiter und schätzt die Bildung; er hängt sehr an seiner Familie, und zu Hause sind die Kinder König. Höflich, freundlich, hilfsbereit, auch ohne gefragt zu sein, ergreift er jede Gelegenheit, den Gast oder den Nachbarn zu feiern. Sie halten untereinander sehr zusammen. Besonders die Bauerndörfer haben Landmaschinen, Mühlen usw. in gemeinsamem Besitz. Man hilft einander je nach Jahreszeit mit Arbeitstagen aus.

Auf meiner kleinen Reise um die Welt habe ich noch nie Völker angetroffen, die so herzlich, feinfühlig und kultiviert waren wie das japanische Volk.

Du hast dein Noviziat bei den Kleinen Brüdern in El Abiodh in der algerischen Sahara mit Carlo Carretto und Arturo Paoli gemacht. Was kannst du uns über deine Erfahrung mit diesen Freunden sagen?

Carlo Carretto und Arturo Paoli waren mir völlig unbekannt. Meine Begegnung mit ihnen im Noviziat von El Abiodh war für mich in jeder Hinsicht neu. Ihr Hauptanliegen war und blieb die Wiederentdeckung des sozialen und religiösen Wertes der Arbeit. Für mich war die Arbeit immer einzig und allein eine Frage des Lebensunterhaltes: zu entdecken brauchte ich sie nicht. Was ich in der Wüste gesucht habe, war mein Leben mit Gott und das, was Gott in mir wollte: die Arbeit war für mich kein Problem, sie war mein tägliches Brot. In unserer Einheit war ein Riß: man rückte da zu zwei verschiedenen Polen auseinander. Die Arbeiterfrage war in meinem Leben enthalten; ich war es, der Gott suchte, der die Kirche suchte. Ich möchte damit sagen, daß es in meinem Fall nicht die Kirche war, die in die Arbeiterwelt ging, sondern der Arbeiter, der die Kirche suchte. Das Jahr in der Wüste ist jedenfalls für alle eine Entdeckung geblieben. Sie waren Italiener mit der Mentalität italienischer Katholiken. Ich hatte mich von allem losgesagt, ich wollte andere Menschen sehen und entdecken, die sich mit einer anderen Mentalität ausdrückten, die ihr Christenleben als Menschen von Fleisch und Blut in ihrem eigenen, konkreten Milieu führten. Was de Foucauld entdeckt hatte, bleibt für mich immer gültig: es ist der Mann Gottes, der sich ganz den Menschen schenkt. Unter Arabern Araber zu werden, war nicht leicht: wir Weißen waren einmal Kolonialmacht, und sie, die Araber, hatte man ihrer Freiheit beraubt; daher blieb unsere Anwesenheit ein Fragezeichen. Das Noviziat war nach Afrika verlegtes europäisches Leben; sogar ein ganz spezielles europäisches Leben, nämlich das französische. Die Beziehung zu Carlo und Arturo ist eine Beziehung zwischen Fremden geblieben; jeder Versuch, Gruppen gleicher Nationalität zu bilden, war in den Augen der Oberen ein Attentat auf die Universalität der Fraternität, auch dann, wenn diese Universalität sich nur französisch ausdrücken konnte.

CARLO CARRETTOS VERMÄCHTNIS –
EINE BOTSCHAFT, DIE BLEIBT

Denn du bist mein Weg
Meditationen für jeden Tag
Jahreslesebuch
396 Seiten, mit Zeichenband, gebunden. ISBN 3-451-22385-6

Aus dem umfangreichen Gesamtwerk Carlo Carrettos sind hier 365 seiner zentralen Texte und Kerngedanken für jeden Tag des Jahres ausgewählt. Diese Meditationen begleiten den Leser und weisen ihm den Weg zu einem gelungenen Leben aus der Kraft des Glaubens.
Carrettos geistlichen Texten wohnt eine ungeheuere spirituelle Dynamik inne. Sie zeugen von einer Reife, wie man sie nur selten findet. Aus Verunsicherung, Angst und Resignation führen sie den Menschen zur Erfahrung Gottes, die Vertrauen und neuen Lebensmut schenkt.

Weil deine Liebe mich treibt
Geistliche Briefe
216 Seiten, gebunden. ISBN 3-451-21987-5

Diese privaten, bisher unveröffentlichten Briefe an seine Schwester Dolcidia gewähren einen tiefen Einblick in die geistliche Biographie Carlo Carrettos. In ihnen kommen spirituelle Erfahrungen zur Sprache, wie sie der Mensch auf der Suche nach Gott macht.
Ein klassischer Carretto, durchglüht von seinem Engagement für das Evangelium. Näher als hier kann man Carretto und der mitreißenden Kraft seiner Gedanken nicht kommen. Ein großes geistliches Erlebnis.

Verlag Herder Freiburg · Basel · Wien

WEITERE BÜCHER
DES GROSSEN GEISTLICHEN AUTORS
IM VERLAG HERDER

Denn du bist mein Vater

Bekenntnisse eines Lebens

Herderbücherei Band 1741 · ISBN 3-451-08741-3

Empfangen und unvergänglich

Unser Leben

160 Seiten, gebunden. ISBN 3-451-21594-2

Gib mir deinen Glauben

Gespräche mit Maria von Nazareth

9. Auflage, 128 Seiten, Paperback. ISBN 3-451-19018-4

Ich habe gesucht und gefunden

5. Auflage, 200 Seiten, Paperback. ISBN 3-451-19805-3

In deiner Stadt ist deine Wüste

Geistliche Erfahrungen

8. Auflage, 152 Seiten, Paperback. ISBN 3-451-18234-3

Und doch ist alles gut

Zeugnis des Vertrauens

3. Auflage, 144 Seiten, gebunden. ISBN 3-451-21347-8

Warum, Herr?

Erfahrungen der Hoffnung über das Geheimnis des Leids

4. Auflage, 176 Seiten, Paperback. ISBN 3-451-20536-X

Was Franziskus uns heute sagt

9. Auflage, 160 Seiten, Paperback. ISBN 3-451-19397-3

Wo der Dornbusch brennt

Geistliche Briefe aus der Wüste

20. Auflage, 144 Seiten, Paperback. ISBN 3-451-16654-2